墨香财经学术文库

"十二五"辽宁省重点图书出版规划项目

U0674772

Rumor Spread Mechanism and Control
Strategies in Social Media
Under Emergencies

突发事件背景下社交媒体
谣言扩散机理及导控策略

丁学君 ◎ 著

东北财经大学出版社
Dongbei University of Finance & Economics Press

大连

图书在版编目（CIP）数据

突发事件背景下社交媒体谣言扩散机理及导控策略 / 丁学君著. 一大连：东北财经大学出版社，2020.6

（墨香财经学术文库）

ISBN 978-7-5654-3733-5

Ⅰ. 突… Ⅱ. 丁… Ⅲ. 互联网络-传播媒介-谣言-研究-中国 Ⅳ. D669.9

中国版本图书馆CIP数据核字（2019）第296553号

东北财经大学出版社出版发行

大连市黑石礁尖山街217号　邮政编码　116025

网　　址：http：//www.dufep.cn

读者信箱：dufep @ dufe.edu.cn

大连图腾彩色印刷有限公司印刷

幅面尺寸：170mm×240mm　字数：143千字　印张：10.5　插页：1
2020年6月第1版　　　2020年6月第1次印刷
责任编辑：孙　平　　　责任校对：行　者
封面设计：冀贵收　　　版式设计：钟福建
定价：45.00元

教学支持　售后服务　联系电话：（0411）84710309
版权所有　侵权必究　举报电话：（0411）84710523
如有印装质量问题，请联系营销部：（0411）84710711

本专著是国家自然科学基金项目（编号：71874025；71503033）以及教育部人文社科规划基金项目（20YJA630058）的阶段性研究成果，并获"东北财经大学'双一流'建设项目高水平学术专著出版资助计划"资助

作者简介

丁学君，东北财经大学副教授，管理学博士，合肥工业大学管理科学与工程博士后；美国纽约州立大学布法罗分校访问学者。近年来，主要从事网络谣言、社会安全与危机管理（应急管理）以及物联网等领域的研究工作。在 IEEE Transactions on Industrial Informatics、IEEE Transactions on Automation Science and Engineering、Asia-Pacific Journal of Operational Research、Applied Mathematics and Computation、《信息系统学报》和《情报学报》等国内外重要学术期刊发表论文 20 余篇；主持国家自然科学基金 2 项、各类省部级项目 5 项；出版学术专著 1 部；作为第一作者发表的论文分别获大连市自然科学优秀学术论文一等奖、辽宁省自然科学学术成果二等奖；获大连市科学著作二等奖。

前　言

随着 Web 2.0 技术的快速发展，各类新兴的社交媒体凭借其开放、便捷、高效的特点，逐渐受到人们的青睐。但在这些社交媒体上，用户信息发布的门槛低，信息编辑和传播的方式也很简单，且平台无法对所有传播的信息都进行有效的监管，从而导致各类社交媒体成为网络谣言滋生的温床。与此同时，社交媒体具有的庞大用户规模，以及即时性、开放性等特点，使得谣言传播的广度和速度远远高于现实社会网络，从而对人们的生活和社会的稳定产生巨大的影响。尤其是发生突发事件时，如自然灾害、公共卫生以及社会安全事件等，谣言的快速扩散极易引发公众群体性的心理焦虑和恐慌，极大地考验着政府部门的社会治理能力和危机应对能力。因此，揭示突发事件背景下社交媒体谣言传播演化的客观规律和内在机理，并给出有效的谣言导控策略，不仅是网络平台管理者和政府相关部门亟待解决的现实问题，也是公共安全及危机管理研究领域要解决的关键科学问题之一。

目前，社会计算作为社会行为和计算系统交叉融合而成的一种新的理论和方法论体系，将系统科学、人工智能、数据挖掘等科学计算理论作为研究方法，来帮助人们深入地认识社会规律、改造社会，以解决政治、经济、文化等领域的复杂性社会问题。基于此，本书采用社会计算的研究范式，对突发事件背景下社交媒体谣言的扩散机理及导控策略进行研究。本书的主要研究工作包括：

（1）现有的舆情传播规律研究，大多从生命周期、网络关系、形成原因等方面，对网络舆情的传播过程进行定性分析，且所选案例较少对谣言与一般舆情加以区分。然而，与一般舆情相比，谣言更具煽动性、非理性以及群体极化性，因此需要从传播规律及传播行为两方面有针对性地对突发事件谣言传播规律进行分析。为此，本书以"艾媒网"公布的2019年4月最大热点事件——"米脂三中伤人事件"为背景，以微博为舆情平台，爬取舆情传播级联2 659个，舆情文本158 379条，构建了包含谣言及非谣言传播级联的舆情数据集，并基于此，对突发事件背景下社交媒体平台上谣言及非谣言的传播规律及用户传播行为进行了对比分析。在谣言传播规律方面，本书参照现有舆情传播特征指标，计算谣言传播级联与非谣言传播级联的传播深度、传播规模、结构性病毒指数、传播宽度以及传播周期数值。分析结果表明，相较非谣言舆情，谣言舆情传播更快，传播模式呈星形结构，早期传播规模大，容易引发衍生舆情，但整体传播规模小、持续时间短，且环境因素对谣言传播影响大。此外，现有研究显示用户平台影响力与舆情传播级联规模相关，并且谣言级联的早期传播规模较大，可能与谣言舆情发出者的组成有关，而非谣言内容导致。因此，本书爬取了各舆情级联起始节点的平台用户数据，如性别、粉丝数、关注者数、注册时间、历史发送微博数量以及是否被平台认证等，发现除较少被平台认证外，谣言与非谣言发出者平均使用水平相似，说明突发事件爆发后，谣言与非谣言同时在平台出现，其他用户很难通过舆情发出者的用户特征辨别信息真假，其传播行为更有可能与自身传播习惯有关。

（2）目前，基于传染病模型的谣言传播动力学研究取得了较大进展，但是现有研究均假设针对某特定事件，网络中仅存在独立的谣言传播级联，却忽略了辟谣信息对谣言传播过程的影响。为此，本书基于传染病动力学模型，建立了一个突发事件背景下，基于ILRDS的社交媒体谣言传播模型。该模型假设在突发事件发生时，谣言及相关辟谣信息会同时在社交媒体平台上进行传播，因此一个"谣言未知者"会通过接收到以上两种信息中的任何一种，而转变成为谣言的潜在传播者；接下来，在面对特定突发事件所具有的复杂心理因素的驱动下，潜在传播者会以一定的概率传播谣言或进行辟谣；此外，出于维护自身的正面形象等目的，谣言传播者在获知事实真相后，会以一定概率传播辟谣信息，从而转变成为辟谣者。与现有封闭系统假设下的谣言传播模型不同，该模型假设谣言是在一个具有稳定的人口迁入率和迁出率的网络系统中进行传播，并探究了用户规模的动态变化对谣言传播过程的影响。

（3）分析社会热点事件中社交媒体用户传播行为的影响因素，将有助于深入理解突发事件在社交媒体中的传播演化机理，从而为相关部门制定有效的网络舆情监管策略提供重要的理论依据。为此，本书以社会热点事件为背景，基于计划行为理论（Theory of Planned Behavior，TPB）和冲动行为理论（Theories of Impulsive Behavior，TIB），对影响社交媒体用户传播行为的因素进行建模。在此基础上，本书采用网络问卷的方式进行数据收集，并利用SPSS软件对所收集到的数据进行回归分析，以分别在三种不同类型的社会热点事件背景下，对所构建模型中各影响因素的交互关系进行验证。该项研究结论将为有效导控突发事件中网民的舆论参与行为提供切实可行的策略建议。

（4）目前，作为社交媒体中的一种重要形式，微博已成为突发事件话题传播的主要载体，其具有的及时性、互动性和开放性等特征，不仅会提升突发事件话题的传播速度，还扩大了话题的传播规模。因此，基于微博平台实现突发事件话题发现，有助于政府及相关部门在第一时间对可能造成不良社会影响的事件进行有效识别，并基于此制定科学合理的突发事件应对策略，以维护社会的和谐与稳定。为此，本书以突发事件微博话题为研究对象，通过选取相关的微博话题属性，分析了微博内容、用户参与度，对突发事件微博话题形成与传播的影响，并给出了基于NLPIR和基于Python的两种微博话题发现方法，以实现不同类型突发事件下的微博话题发现。此外，本书进一步对突发事件的文本内容进行了情感分析，从而验证了突发事件发生时，情感倾向对微博用户参与度的影响。该项研究工作对于相关部门建立科学的突发事件舆情应急预警机制具有十分重要的现实意义，同时也进一步丰富了当前舆情话题发现的相关理论。

本书为国家自然科学基金项目"阻断与澄清：考虑代价约束的在线社会网络突发事件谣言抑制策略研究（No.71874025）"以及国家自然科学基金项目"社会化媒体中突发公共卫生事件网络舆情的传播演化机制及干预策略研究（No.71503033）"的阶段性研究成果，并受到东北财经大学"双一流"建设项目高水平学术专著出版资助计划资助。

此外，本书内容是东北财经大学管理科学与工程学院"突发事件网络舆情（POE）研究小组"集体智慧的结晶，并在编撰过程中得到了小组成员樊荣、鲁颜、冯晓葳、蒋曼、张夏夏以及李梦雨等同学的大力协助，在此一并表示感谢！

作　者

2020 年 5 月

目　录

第1章 绪 论

1.1 研究的背景及意义

1.1.1 研究背景

目前，处于社会转型期的中国长期面临着各类突发事件的严峻挑战，如2005年的"松花江水污染事件"、2009年的"新疆7·5事件"、2015年的"8·12天津滨海新区爆炸事件"以及2017年的"北京红黄蓝幼儿园虐童事件"等。突发事件的频繁发生不仅扰乱了正常的社会秩序，而且随之引发的网络谣言的滋生与蔓延，极易使民众产生恐慌、焦虑、愤怒等负面情绪，并诱发一系列非理性的行为，从而影响到社会的和谐与稳定[1]。

作为社会交往中的一种重要形式，谣言最初被定义为对在人与人之间流传的事件的未经证实的叙述或解释，并与公众关注的对象、事件或问题有关[2]。之后的文献也大多遵循上述定义，例如，Zhao等人将谣言定义为：对通过各种渠道传播的公众感兴趣的事情、事件或问题的未经证实的阐述或注释，其本身既不真实也不虚假[3]。由此可见，谣言的本质特征有两点：一是未经证实；二是广泛传播。据此，本书将谣言定义为没有可靠事实基础，却在一定程度上进行传播的言论。由于谣言具有上述两点特征，其快速传播可能影响到一个社会群体的舆论，甚至引发社会性的焦虑和恐慌，从而对人们的日常生活和社会的和谐稳定产生一定的负面影响。

Web 2.0以及移动互联网技术的快速发展，使得各类新兴的社交媒体成为用户信息获取、传播、分享以及好友间交流沟通的主要平台。目前，社交媒体的具体形态包括在线社交网站（如Facebook、人人网）、在线网络社区（如猫扑、天涯论坛）、在线社交媒体（如新浪微博、Twitter、微信）、视频分享网站（如YouTube、优酷），以及图片分享播客网站（如Flickr）等。与传统媒体相比，社交媒体用户不再仅仅是信息的接收者，同时也成为信息内容的制造者和传播者[4]。由于用户可以自由地分享见闻、表达和传播思想及意见，用户间的沟通与互动更不受时间和空间的限制，使得信息内容更加丰富、信息传播更为迅速，影响也更为广泛[5]。

然而，社交媒体却是一把"双刃剑"，它在为人们提供便利的信息互动渠道的同时，也降低了不实信息的传播成本，进而逐渐发展成为网络谣言肆意滋生的温床。社交媒体平台庞大的用户规模，以及即时性、开放性等特点，又使得谣言传播的广度和速度远远高于现实社会网络，从而导致严重的经济损失和社会恐慌。例如，2008年10月，一位十多岁的少年在公民新闻网站CNN Ireport上发帖称"苹果公司首席执行官史蒂夫·乔布斯突发心脏病"，随后该谣言在Twitter等主流社交媒体上大肆传播。尽管最终被证明为虚假信息，但该谣言的迅速传播导致高度敏感的投资者大量抛售持有的苹果公司股票，使得苹果公司的市值在瞬间蒸发了约90亿美元；"2013年4月23日白宫发生两次爆炸，奥巴马在爆炸中受伤"的谣言，在Twitter上传播，仅仅几分钟就导致约100亿美元的损失[6]；2011年3月11日，日本地震后，新浪微博等国内OSN上出现"碘盐可防核辐射""中国食盐将遭受核辐射污染"等谣言，部分商户看准"商机",恶意囤积,哄抬价格,引发了一场全国性的碘盐"抢购风波",市场上一度出现了"盐荒"现象。

可见,社交媒体中"谣言泛滥"的现象严重影响了网络信息生态环境的健康状态,使得人们难以在纷繁复杂、参差不齐的信息中找到自己所需的可用信息,从而降低了人们所获信息的质量。尤其是发生突发事件时,如自然灾害、公共卫生以及社会安全事件等,谣言的快速扩散极易引发公众群体性的心理焦虑和恐慌,极大地考验着政府部门的社会治理能力和危机应对能力[7]。

因此,深入揭示突发事件背景下社交媒体谣言的扩散机理,并给出科学有效的谣言导控策略,不仅是社交媒体平台管理者和相关部门亟待解决的现实问题,也是公共安全与危机管理研究领域要解决的关键科学问题之一。

作为社会科学与自然科学交叉的新兴研究领域,社交媒体中谣言问题的研究涵盖了传播学、新闻学、社会学、管理学、计算机科学等多个学科,吸引了国内外众多领域专家和学者的关注。目前,此类研究多基于现有网络谣言研究框架,并结合了Facebook、Twitter以及新浪微博等社交媒体平台的网络结构特征和信息互动模式。其研究领域主要集中在以下几个方面:①谣言的内涵与特征;②谣言传播过程中的民众心理与行为;③谣言预警及指标体系;④谣言的演化机理及传播机制;⑤谣言的检测和监控;⑥谣言治理制度建设;⑦谣言对政府及社会的影响等。

在以上研究领域中,如何揭示描述谣言扩散机理,成为当前学术界研究的热点问题。目前,社会计算作为社会行为和计算系统交叉融合而成的一种新的理论和方法论体系,将系统科学、人工智能、数据挖掘等科学计算理论作为研究方法,来帮助人们深入地认识社会规律、改造社会,以解决政治、经济、文化等领域的复杂性社会问题[8]。因此,近年来国内外学者纷纷采用社会计算的研究范式,对社交媒体中突发事件谣言传播问题进行研究。

基于此,本书以突发事件背景下社交媒体谣言为研究主体,以社会计算为研究范式,深入分析突发事件背景下社交媒体谣言传播规律与社会心理行为之间的内在联系和本质特征,并在此基础上,给出有效的突发事件背景下社交媒体谣言导控策略。

1.1.2　研究意义

研究表明，与传统的 Web 网络相比，社会化媒体环境下的谣言传播具有一些新的特点：①超越了传统 Web 网络中的点对点（One to One）、网状（One to N）传播，而是一种裂变式、网核状（One to N to N）的传播模式；②以用户为中心，即依靠用户之间的好友关系实现信息的互动与分享，且用户关系具有小世界、无标度、异配型以及节点度的幂律分布等复杂网络特征；③淡化了传统网络媒体中"把关人"的角色，信息筛选与过滤功能被弱化；④网民观点的传播和演化更加复杂多变，因此社会化媒体环境下的谣言演化是典型的复杂系统，具有复杂系统的特征。然而，传统 Web 网络环境下谣言传播演化的研究成果，并未考虑上述特征，因此在社会化媒体环境下并不适用。

大量的实证研究表明，社会化媒体中的谣言传播过程与传染病的传播过程十分相似：

（1）传染病传播过程中，易感个体只有通过接触感染个体，才可以被传染；社交媒体中，谣言未知者只有与传播者建立了好友关系，才有机会在网络内部获知该谣言，并成为下一个传播者。

（2）传染病传播过程中，易感个体在接触感染个体后，会以一定的概率转变成感染状态，且该概率受到疾病的传染性以及个体生理因素的影响；社交媒体中，谣言未知者在与传播者建立了好友关系后，也会以一定的概率传播该谣言，该概率取决于谣言的信息内容以及用户属性。

（3）传染病传播过程中，感染个体最终会以一定速率转变成免疫状态；社交媒体中，随着时间的推移，传播者将最终失去对突发事件及相关谣言的兴趣，从而停止谣言的传播。

（4）对于复杂网络中的传染病传播过程而言，网络拓扑结构不同，其疾病传播行为也表现出完全不同的特性；而有关社交媒体中的信息传播研究也表明，社交媒体的拓扑结构是谣言传播的重要因素。

基于以上分析，学术界将传染病模型（如 SIR 模型、SI 模型、SIRS 模型、SIS 模型等）应用到社交媒体谣言传播研究中，通过分析用户在不同状态（如易感状态、感染状态、免疫状态等）间的变化规律，来构建网络谣言传播模型。但是，现有模型并未考虑谣言传播演化的内部动因对其传播过程的影响，因此无法准确描述社交媒体环境下谣言传播的真实状况。

由复杂性理论可知，网络谣言中个体的传播能力可以从外部感知、内部状态和行为产生系统三个方面进行描述。网络用户对一条谣言信息的传播是一个复杂的行为决策过程，受到内部动因（如谣言信息内容、个体心理认知差异、邻居群体行为）及外部动因（如外部舆论压力、社会关系网络）的共同影响。基于此，本书将宏观层面的谣言传播规律、个体层面的心理行为特征以及社会治理层面的谣言干预机制相结合，不仅在理论上弥补了现有谣言传播动力学研究的不足，并且为提高政府相关部门对突发事件谣言的判断能力和控制能力，进而有效地监测、引导和干预突发事件中的社会公众行为提供决策理论、方法和决策支持工具。

1.2 研究的内容及结构安排

1.2.1 研究内容

在宏观层面上，本书分别以复杂网络理论、传染病动力学理论为基础，分析了突发事件背景下社交媒体谣言的传播规律及动力学机理；在微观层面上，本书基于计划行为理论（Theory of Planned Behavior，TPB）和冲动行为理论（Theories of Impulsive Behavior，TIB），对社会热点事件背景下影响社交媒体用户传播行为的因素进行了建模；在技术层面上，以突发事件微博话题为研究对象，给出了基于 NLPIR 和基于 Python 的两种微博话题发现方法，并进一步对突发事件的文本内容进行了情感分析，从而为相关部门建立科学的突发事件舆情预警机制提供技术支撑。本书的具体研究内容包括：

（1）以"艾媒网"公布的 2019 年 4 月最大热点事件——"米脂三中伤人事件"为背景，以微博为舆情平台，爬取相关舆情传播级联，进而对谣言传播级联与非谣言传播级联的传播深度、传播规模、结构性病毒指数、传播宽度及传播周期数等特征进行了对比分析，并进一步分析了用户平台影响力与舆情传播级联规模之间的相关性。

（2）基于传染病动力学理论，提出了一个基于ILRDS的谣言传播模型，以描述突发事件背景下社交媒体中谣言传播的动力学机理。该模型假设当谣言未知者在获悉谣言或辟谣信息时，会分别以一定概率转变为对谣言持有三种不同态度的潜在传播者，并进一步研究了辟谣行为以及网络用户规模的动态变化对谣言传播动力学过程的影响。此外，本书利用Lyapunov稳定性理论和Poincaré-Bendixson定理分析了ILRDS模型的动力学特性，并通过实验仿真探究了模型中不同参数对谣言传播演化的影响，进而给出了突发事件背景下社交媒体谣言的导控策略。

（3）以社会热点事件为背景，基于计划行为理论和冲动行为理论，构建了社交媒体用户传播行为的理论模型。在此基础上，采用网络问卷的方式进行数据收集，并利用SPSS软件对所收集到的数据进行回归分析，以分别在三种不同类型的社会热点事件背景下，对所构建模型中各影响因素的交互关系进行验证。

（4）以突发事件微博话题为研究对象，通过选取相关的微博话题属性，分析了微博内容、用户参与度对突发事件微博话题形成与传播的影响，给出了基于NLPIR和基于Python的两种微博话题发现方法，以实现不同类型突发事件下的微博话题发现。此外，进一步对突发事件的文本内容进行了情感分析，从而验证了突发事件发生时情感倾向对微博用户参与度的影响。

1.2.2　结构安排

本书研究的内容共分为6章，其结构安排如下：

第1章是绪论。本章阐述了研究的背景、意义以及主要研究内容。

第2章是理论基础及文献综述。本章对复杂网络理论、传染病动力学理论以及谣言传播领域的相关文献进行了综述。

第3章是突发事件背景下社交媒体谣言传播规律。本章通过选取特定突发事件作为典型案例，对谣言传播级联与非谣言传播级联的结构特征进行了对比分析，并进一步分析了用户平台影响力与舆情传播级联规模之间的相关性。

第4章是突发事件背景下社交媒体谣言传播模型。本章构建了基于ILRDS的突发事件背景下社交媒体谣言传播模型，并对模型进行了仿真分析。

第5章是社会热点事件中社交媒体用户传播行为。本章基于计划行为理论和冲动行为理论，对社会热点事件中社交媒体用户的传播行为进行了实证研究。

第6章是突发事件微博话题发现与情感分析。本章给出了两种突发事件微博话题发现方法：基于NLPIR方法和基于Python方法，并进一步对突发事件的文本内容进行了情感分析。

第2章　理论基础及文献综述

2.1　理论基础

2.1.1　复杂网络理论

1.复杂网络概述

复杂网络是由数量庞大的节点及节点之间错综复杂的关系所构成的网络结构，是一个具有足够复杂的拓扑结构特征的图[9]。现实世界中存在大量的、形形色色的复杂网络，如计算机网络、社会关系网络、交通运输网络、新陈代谢网络及大脑神经网络等。复杂网络理论即借助于图论和统计物理的方法来研究这些现实网络的拓扑特征、演化机理和群体行为[10]。

作为网络科学的一个分支，复杂网络理论的出现为研究现实世界的复杂性提供了一种全新的视角和方法，其在发展过程中共经历了三个阶段，如图2-1所示。

第一阶段		1736年，Euler， 七桥问题

第二阶段	1959年， Edrǒs 与 Rényi， 随机图理论	1967年，Milgram， 小世界实验

第三阶段	1998年， Watts 与 Strogatz， 小世界模型	1999年， Barabási 与 Albert， 无标度模型

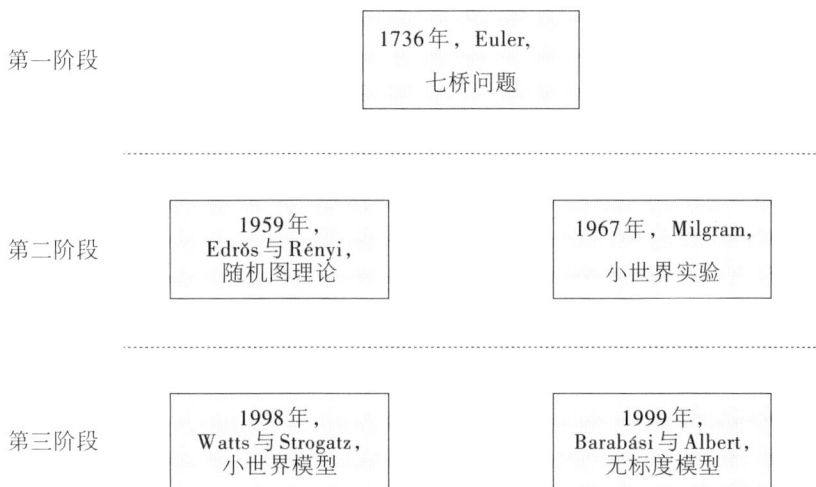

图 2-1　复杂网络理论发展的三个阶段

　　人类在很早以前就已经开始对网络进行研究，其中图论是支撑该领域发展的最基本的数学理论。1736 年，瑞士著名数学家 Euler 利用"图"的相关知识成功地解决了当时一个非常著名的古典数学问题——哥尼斯堡（Konigsberg）七桥问题，进而开创了数学领域的一个新的分支——图论与几何拓扑学。Euler 因此被视为图论的创始人，哥尼斯堡七桥图也被称为 Euler 图[11]。

　　任何一个网络均可以被看成由节点及节点之间彼此连接的边而构成的图，因此对抽象的图进行研究，就可以得到实际网络的拓扑特征，包括网络中的节点数、节点间的连接关系等。在网络研究初期，人们使用规则的网络结构来描述自然界中的系统，即网络中节点和边的关系是固定的。20 世纪 50 年代末，两位匈牙利数学家艾尔德（P. Erdǒs）和莱利（A. Rényi）建立了随机图理论[12]。该理论假设图中有 N 个节点，每对节点之间以概率 p 连接，则约有 $pN(N-1)/2$ 条边，这样就构成了研究复杂网络的一个随机拓扑模型——ER 模型。随机图理论的提出，开创了在数学领域内进行复杂网络系统性研究的先河，而在 20 世纪的后 40 年里，该理论也一直是人们研究复杂网络结构的基本理论。

　　由于大多数实际的复杂网络并不是随机构成的，如社会网络中的朋友关系、万维网（WWW）上页面之间的链接关系等，ER 模型作为研究复杂网络的基本模型，无疑存在较大缺陷，因此，人们不断对 ER 模型进行改进以使其更接近于真实网络。

近 20 年来，计算机软硬件性能的不断提升，使得对大规模的实际网络的实证研究成为可能，复杂网络理论也因此得以迅速发展。与此同时，复杂网络的研究领域也已经不再局限于数学领域，而是向物理学、生物学以及社会学等多个学科领域拓展。1998 年，美国康奈尔大学的理论和应用力学系博士生 Watts 及其导师 Strogatz 在 Nature 上发表的《"小世界"网络的集体动力学》（Collective Dynamics of "Small-world" Networks）一文揭示了复杂网络的小世界特性[13]；1999 年，美国圣母大学的物理学家 Barabási 及其博士生 Albert 在另一个国际权威杂志 Science 上发表的《随机网络中尺度的出现》（Emergence of Scaling in Random Networks）一文，又提出了复杂网络的无标度特性[9]。上述两篇文章均通过建立相应的网络模型来揭示复杂网络中"小世界特性"和"无标度特性"的产生机理，并阐述了不同背景下的复杂网络，虽然其网络结构存在差异，但本质上具有共同的特征。这两篇文章的研究结论为以后复杂网络的研究奠定了基础，学术界也因此掀起了研究复杂网络的热潮。

自 20 世纪 80 年代开始，复杂网络逐渐受到国际科学界的高度关注，并在揭示现实世界的复杂性规律中得到了广泛的应用。进入 21 世纪以来，国内外关于复杂网络方面的研究论文呈现出快速的增长趋势，其中很多文章发表在 Science、Nature、Pyscical Review Letters 以及 PNAS 等国际顶尖学术期刊上。近几年来，我国国家自然科学基金委员会（NSFC）也明显加大了在复杂网络研究方面的资助力度，包括上海交通大学、中国科学技术大学以及武汉大学在内的国内很多高校都成立了复杂网络研究中心和研究小组。

作为研究复杂性科学和复杂系统的有力工具，复杂网络研究已经成为最受关注且最具挑战性的前沿研究课题之一[14-19]。

2.复杂网络的一般特征

迄今为止，还没有形成关于复杂网络的精确的、严格的定义，但研究者们总结了复杂网络的几个典型特征：

（1）结构模型复杂性

复杂网络是对规模较大的现实系统的抽象描述，而这些现实系统不仅节点数量庞大，其网络结构也因应用背景不同而具有不同的方向和权重，且往往是随时间变化的，这就使得其网络结构模型错综复杂、极为混乱[10]。

（2）演化机制复杂性

与规则网络和随机网络相比，复杂网络呈现出动态的时空演化特征，其演化过程可以描述为一个非线性、非平衡性的动力学过程，并具有混沌、分叉等时空复杂性。因此，迄今为止，研究者们仍未找到一种能够生成与现实系统的统计特性完全符合的复杂网络的方法[20]。

（3）网络之间存在密切联系和相互作用

许多实际的网络间存在着密切的联系，其中一个网络的变化会对其他网络造成不同程度的影响。例如，电力网络故障会导致金融系统关闭、运输系统失控、Internet中断等一系列连锁反应。

3.复杂网络的统计特性

任何一个具体网络均可以抽象地描述为一个由节点以及连接各节点的边所构成的图（Graph）结构 G=（V，E），其中 V（G）= {1，2，…，N} 表示图 G 的节点集合，N 为节点总数，E（G）= {（i_1，j_1），…，（i_N，j_N）} 表示边的集合，E 为边的总数。如果任意节点对（i，j）与（j，i）对应同一条边，则称该网络为无向图（Undirected Graph），否则称之为有向图（Directed Graph）。若给图中的每条边都赋予相应的权值，则称该图为加权图（Weighted Graph），否则称之为无权图（Unweighted Graph）。图2-2分别给出了三种不同类型的图的例子。

目前，描述复杂网络统计特性的度量指标主要包括平均路径长度、聚集系数、度与度分布、度相关系数等。在有向网络中，还需要考虑节点的入度和出度分布；而在加权网络中，边权、点权及其分布是重要的测度指标。

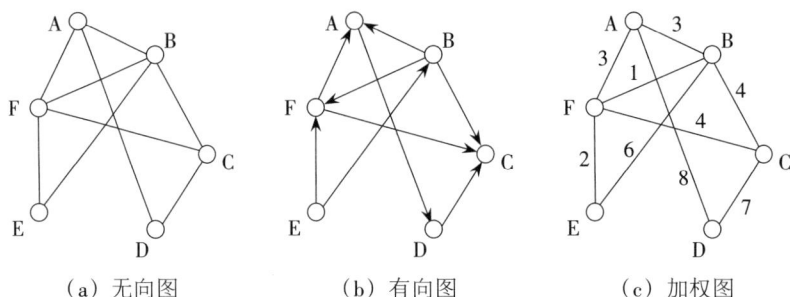

（a）无向图　　　　　（b）有向图　　　　　（c）加权图

图2-2　三种不同类型的图举例

（1）网络密度（Density）

假设无向网络G=（V，E）共有N个节点，M条边，如果该网络中任意两个节点之间都有且仅有一条边相连，则该网络所有可能的边数为 $C_N^2 = N（N-1）/2$。此时，该网络的网络密度C定义为：

$$C = \frac{M}{C_N^2} = \frac{2M}{N（N-1）} \tag{2-1}$$

网络密度可以衡量网络内部N个节点间的连接强度，其值越大，节点间连接就越紧密。现实中的复杂网络多数较为稀疏，网络密度很小。

（2）节点的度（Degree）

在无向网络中，节点i的度（Degree）定义为与节点i连接的边的总数，又称为关联度，用d（i）表示。在一个节点总数为N的网络中，d（i）为［0，N-1］，d（i）=0的节点通常被称为孤立节点，即该节点与网络中任何其他节点之间均不存在连边。在图2-2中，（a）图的节点F的度d（F）=4。如果网络为有向网络，则节点i的度还可以分为入度（In-degree）和出度（Out-degree），分别用dout（i）和din（i）表示。节点的入度din（i）是指从其他节点出发而指向该节点的边的数目，节点的出度dout（i）则是指从该节点出发指向其他节点的边的数目，其中dout（i）+din（i）=d（i）。在图2-2中，（b）图中节点A的出度dout（A）=1，入度din（A）=2，d（A）=dout（A）+din（A）=3。

网络中所有节点的度的平均值被称为该网络的平均度d̄，其计算公式为：

$$\bar{d} = \frac{\sum_{i=1}^{N} d(i)}{N} = \frac{2L}{N} \qquad (2-2)$$

其中，N 为网络的节点数；L 为网络中的边数。

（3）度分布（Degree Distribution）

网络的度分布 P（k）表示随机选取一个节点其度值为 k 的概率，其在统计意义上可以描述为：

$$P（k）= \frac{N_k}{N} \qquad (2-3)$$

其中，N_k 为网络中度值为 k 的节点总数。

对于有向网络，其度分布还可以进一步描述为入度分布（In-degree Distribution）和出度分布（Out-degree Distribution）。

为了方便计算，实际中通常采用累积度分布来描述网络的度分布，其表示节点度值大于或者等于 k 的概率，累积度分布可以表示为：

$$P_k = \sum_{k'=k}^{\infty} P（k'） \qquad (2-4)$$

度分布是描述网络属性的一个重要统计量。大量的实证研究表明，完全随机网络的节点度服从泊松（Possion）分布，即：

$$P（k）= \frac{\lambda^k e^{-\lambda}}{k!} \qquad (2-5)$$

如果大多数节点都集中在节点度均值附近，则此类网络被称为同质网络（Homogeneous Network），此时节点度的均值可以被看作节点度的一个特征标度。许多实际网络的节点度分布都服从幂律分布（Power-law Distribution），即：

$$P（k）= 2m^2 k^{-\gamma} \qquad (2-6)$$

其中，m 为幂律分布的参数；γ 为幂指数，其值通常介于 2 到 3 之间。

在幂律形式的度分布中，大多数节点的度都非常小，而少数节点的度非常大，因此也称此类网络为异质网络（Heterogeneous Network），如软件公司竞争网络（γ=3.15），印度汽车零配件制造供应链网络（γ=2.53）[21]，AT&T 电话联系网络（γ=2.1）[22]，HID 技术联盟网络（γ=2）[23] 等。由于没有一个合适的标度来测量网络节点的度，因此，度分布服从幂律特性的网络也被称为无标度网络[9][24]。此外，现实中也存在度分布服从指数分布（Exponential Distribution）的同质网络，如NCSTRL计算机科学家网、MEDLINE生物医学家网络、MR MATH数学家网等[25]。

（4）聚类系数（Clustering Coefficient）

聚类系数表示节点的邻接点之间是否相互连接，即节点V_1连接于节点V_2，节点V_2连接于节点V_3，那么节点V_3很可能与节点V_1相连接。网络中节点的聚类系数C_i定义为[22]：

$$C_i = \frac{2E_i}{k_i(k_i - 1)} \tag{2-7}$$

其中，k_i表示与节点i相连接的邻居节点个数；E_i表示上述k_i个节点彼此相连的边数。

网络中所有节点的聚类系数的平均值称为该网络的平均聚类系数或整个网络的聚类系数，记为C：

$$C = \frac{\sum_{i=1}^{N} C_i}{N} \tag{2-8}$$

其中，N为网络中的节点个数。

平均聚类系数为1的网络也称为全连通网络。聚类系数反映了网络的集团化程度。Newman和Park的研究表明，大量现实的复杂网络的聚类系数比同等规模的随机网络大得多，具有较强的集聚性[26]。

（5）距离（Distance）和直径（Diameter）

网络中节点i和节点j之间最短路径的边数定义为节点i和节点j的最短距离，记为d（i，j），在无向网络中，d（i，j）=d（j，i）。图2-2的（a）网络中，节点D和节点E的最短距离d（D，E）=d（E，D）=3。

网络的直径D定义为任意两个节点之间的距离的最大值，即：

$$D = \max_{i,j} [d(i,j)] \tag{2-9}$$

图2-2（a）中的网络直径D=3。

网络中的平均最短路径长度L定义为任意两个节点间的最短距离的平均值[27]，即：

$$L = \frac{1}{\frac{1}{2}N(N-1)} \sum_{i \neq j \in V} d(i,j) \tag{2-10}$$

许多实际的复杂网络的平均最短路径长度 L 可用以下公式进行近似估计：

$$L \approx \frac{Ln(N)}{Ln(K)} \tag{2-11}$$

其中，N 为网络中的节点总数；K 为该网络的平均度。可以看出，当平均度固定不变时，网络的平均路径长度 L 随着网络规模的增大以对数的方式增长，此类网络被称为具有小世界特性[28]。

（6）度相关系数（Degree Correlation）

度相关系数是描述实际网络结构特性的另一个重要参数，其定义为相互连接的两个节点其对应的度值的 Pearson 相关系数，即：

$$r = \frac{M^{-1} \sum_i j_i k_i - [M^{-1} \sum_i \frac{1}{2}(j_i + k_i)]^2}{M^{-1} \sum_i \frac{1}{2}(j_i^2 + k_i^2) - [M^{-1} \sum_i \frac{1}{2}(j_i + k_i)]^2} \tag{2-12}$$

其中，j_i，k_i 是第 i 条边所连接的两个节点的度值（i=1，2，…，M，其中 M 为总的边数）。$-1 \leqslant r \leqslant 1$，当 r>0 时，度值较大的节点倾向于与度值较大的节点相连接，即该网络具有同配性；当 r<0 时，度值较大的节点则倾向于与度值较小的节点相连接，即该网络具有异配性；r=0 表示网络结构不存在相关性。大量的实证研究表明，大部分社会网络呈现出同配性[28]，例如，MEDLINE 生物医学家网（r=0.127）、MR MATH 数学家网（r=0.12）、IMDB 电影演员合作网（r=0.208）等；而大多数非社会网络，如 Internet、大型电力网络等技术网络以及神经网络、新陈代谢网络等生物网络均呈现异配性[29][26]。

（7）中介度中心性（Betweenness Centrality）

中介度中心性也称为节点介数，它描述了一个节点担当连接另外两个节点的中介或桥梁的能力，其表达式定义为：

$$b_i = \sum_{m>n} b_i^{(m,n)} = \sum_{m>n} \frac{g_i(m,n)}{g(m,n)} \tag{2-13}$$

其中，$g(m,n)$ 为节点 m,n 之间的最短路径长度；$g_i(m,n)$ 为节点 m 和 n 之间经过节点 i 的最短路径长度。

中介度中心性反映了该节点在网络中的作用和影响力，是网络中一个重要的全局参量。

（8）互惠指数（Reciprocity）

网络的互惠指数R刻画了有向网络的无向程度，其定义为有向网络中双向节点对的总数与至少有一条有向边的节点对的总数的比值，即网络中双向二元组所占的比例。假设(i,j)是网络中任意一条有向边，R=0意味着有向边(j,i)不存在；R=1则意味着有向边(j,i)存在。

（9）模块度（Modularity）

很多实际的网络表现出明显的社团性，即网络中的部分节点聚集成群，群内部的节点之间联系紧密，群与群之间的联系则相对稀疏。网络中社团性的强弱通常用模块度Q加以衡量[30]，其表达式定义为：

$$Q = \sum_i (e_{ii} - a_i^2) \tag{2-14}$$

其中，$\sum_i e_{ii}$为网络中连接某一个社团内部各节点的边在所有的边中所占的比例；$a_i = \sum_j e_{ij}$表示与第 i 个社团中的节点连接的边在所有边中所占的比例，e_{ij}为网络中连接两个不同社团 i 和 j 中的节点的边在所有边中所占的比例。Q的取值介于 0 和 1 之间，研究表明，当 $Q \geq 0.3$ 时，网络即表现出明显的社团性。

4. 复杂网络模型

复杂网络模型可以实现对现实网络的模拟和抽象。为了使模型能够真实地反映实际网络的拓扑结构，并在此基础上揭示网络的演化机制和整体行为规律，学者们基于不同的研究领域，提出了形式多样的复杂网络模型，其中应用最为广泛的模型有规则网络模型、随机网络模型、小世界网络模型和BA无标度网络模型以及有向Price网络模型[18]。

（1）规则网络模型

如果网络中的节点之间按照确定的规则进行连接，则称此类网络为规则网络。图2-3描述了三种常见的规则网络，其中图（a）为全连接网络，图（b）为最邻近网络，图（c）为星形网络。规则网络因为具有有序的网络拓扑结构，演化规律较为简单，因此分析起来相对容易。

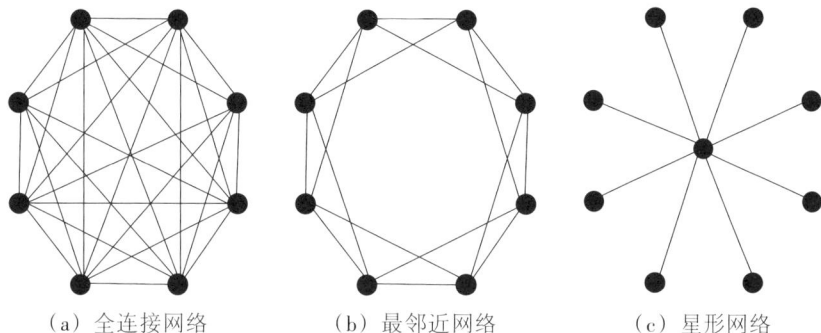

（a）全连接网络　　　　　（b）最邻近网络　　　　　（c）星形网络

图2-3　规则网络举例

（2）随机网络模型

如果节点之间按照随机的方式进行连接，则称此类网络为随机网络，ER模型即是最早的随机网络模型[12]。图2-4描述了两个节点总数N=10，且具有固定边数及固定连边概率p的随机网络，其中图（a）的连边概率p=0.1，图（b）的连边概率p=0.25。由于完全随机网络的节点度都近似服从泊松分布，即大多数节点都集中在节点度均值附近，因此完全随机网络属于典型的同质网络。

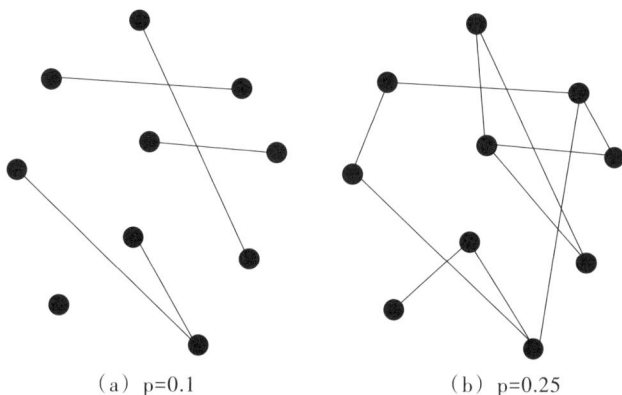

（a）p=0.1　　　　　　　（b）p=0.25

图2-4　随机网络举例

（3）小世界网络模型

1998年，美国康奈尔大学的Watts和Strogatz提出了基于人类社会的小世界网络模型，也称为WS模型。该模型介于规则网络模型和随机网络模型之间，具有特征路径长度小、聚合系数大的特性[13]。图2-5描述了规则网络向小世界网络的过渡过程，其中图（a）为规则网络，图（b）为小世界网络，图（c）为随机网络，p表示网络的连边概率。

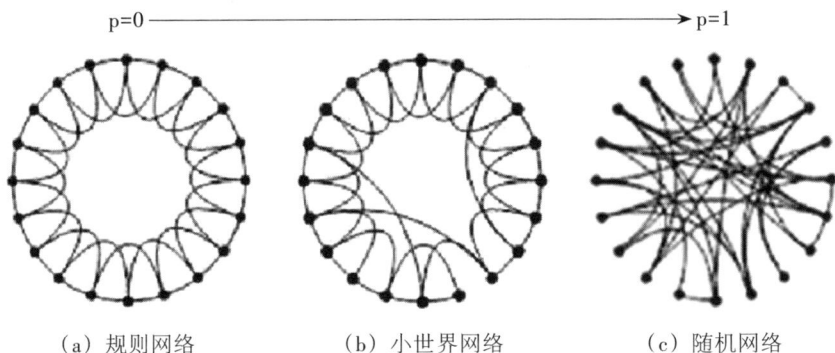

（a）规则网络　　　　　（b）小世界网络　　　　　（c）随机网络

图2-5　规则网络向小世界网络的过渡过程

（4）BA无标度网络模型

1999年，美国圣母大学的Barabási和Albert在研究万维网（WWW）的动态演化过程中发现，该网络中绝大多数节点的度值都很小，但是少数节点的度值非常大，而这种具有重尾特性的度分布恰好可以用幂律形式加以描述[9]。于是他们提出了一种新的复杂网络模型——BA无标度网络模型。BA无标度网络模型具有以下两个重要特性：增长特性，即其网络规模呈现不断扩大的趋势；择优连接特性，即新加入的节点更倾向于与网络中度值较大的节点相连接。

图2-6描述了式（2-6）中的幂律参数m取不同值时，BA无标度网络的节点度分布情况，其中，网络中的节点总数N=300 000，度指数$\gamma = 3$。

（5）有向Price网络模型

1965年，Price在对引文网络进行的实证研究中指出，对于引文网络而言，论文之间的引用关系包括引用和被引两种情况，即网络中的边具有方向性，因此需要用有向网络来描述引文网络的拓扑结构。在对引文网络的度分布进行深入研究的基础上，Price建立了一个引入增长机制和积累优势机制的有向网络模型——有向Price网络模型，并指出该网络的入度和出度均服从幂指数$\gamma = 3.04$的幂律分布[31-32]。有向Price网络针对引文网络的增长和积累优势机制描述如下：

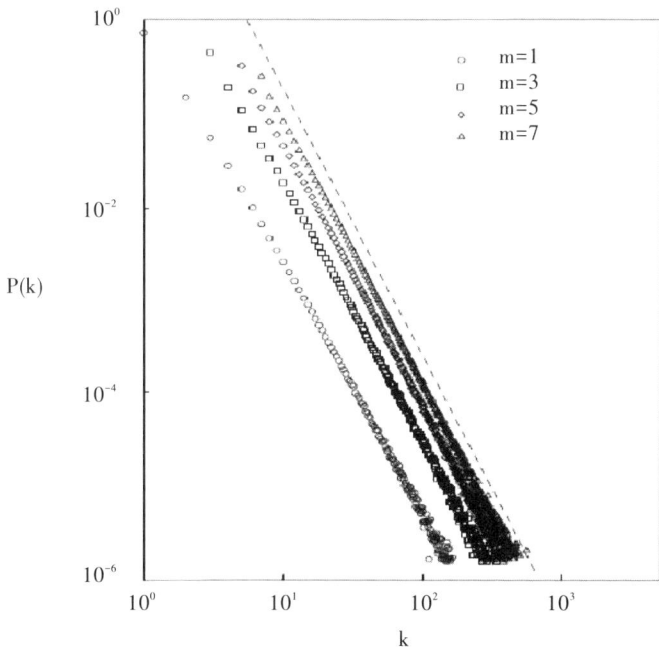

图2-6　幂律分布参数m取不同值时，BA无标度网络的节点度分布

①增长机制：引文网络中论文的数量呈不断增长的趋势，且新发表的论文会引用已经发表的论文作为参考文献。

②积累优势机制：某篇已经发表的论文被一篇新发表的论文引用的概率与该篇论文之前被引用的次数成正比。

2.1.2　网络传播动力学理论

1.信息传播的定义及模式

信息（Information）是人们在社会实践中所获取的数据及知识[33]。传播（Communication）是借助于符号和媒介进行的信息交互过程[34]。传播过程由信源（传播者）、信息、媒介和信宿（接收者）四个基本要素构成。其中，信源为信息的发送方，即产生并发送信息的个人或社会集团；信宿为信息的接收者，表示接收信息的个人或群体；信息是传播的基本内容，并以声音、文字、符号、图片以及视频等作为其主要载体；媒介是信息传递和获取的渠道及工具，如报纸、广播、电视以及网络等。信息传播就是借助于某种媒介，在多个主体之间传递、交换以及分享某种特定表现形式的信息的过程。

信息传播是人类社会中最基本的行为之一，是社会成员维系其关系网络的基础。在整个信息传播过程中，传播者利用自身的行为主动影响接收者的态度和决策，因而处于传播过程的主导地位；接收者的决策在受到传播者影响的同时，其对接收到的信息具有一定的选择和甄别能力，并通过行为反馈对传播者造成影响。

模式（Pattern）就是从不断重复出现的事件中发现和抽象出的规律，是从理论上对事件本身包含的基本要素及关系的归纳和总结。学者们很早以前就开始对信息传播的理论模式进行了探索。1948 年，美国著名政治家哈罗德·拉斯韦尔（Harold Lasswell）在发表的《传播在社会中的结构和功能》（The Strcture and Function of Communication in Society）一文中，以传播学的角度提出了传播过程的"5W"模式，即传播者（Who）、传播内容（What）、传播渠道（Which Channel）、传播受众（to Whom）及传播效果（What Effect）。作为传播学领域最为经典的模式之一，"5W"模式界定了传播学的研究范围和基本内容，为后续的相关研究奠定了基础[33]。

1949 年，"信息论"的创始人——美国学者 Shannon 基于 Wiener"控制论"的基本思想，从信息论的角度出发，提出了"一般传播系统模型"，即香农模型。该模型将信息理论与传播数学模型相结合，首次提出了后来被广泛应用的信息熵（Entropy）的概念。Shannon 等人描述的信息传播过程如图 2-7 所示。在这个传播模型中，"信源"发出信息，"发射器"对信息进行编码，编码后的信息由特定"渠道"进行传输，"接收器"再对接收到的信息进行解码，"信宿"最终获得解码后的原始信息。除此之外，Shannon 还考虑到了"噪声"对上述传播过程的影响[34]。

1954 年，传播学者 Osgood 在香农模型的基础上，考虑到了人类的传播行为对传播过程的影响，建立了信息传播的"奥斯古德-施拉姆模式"，如图 2-8 所示。该模式认为，在实际传播过程中，信源和信宿以及编码者和译码者并不是机械性的、一成不变的，而是可以相互转换的，因此信息传播过程中存在多种反馈机制。

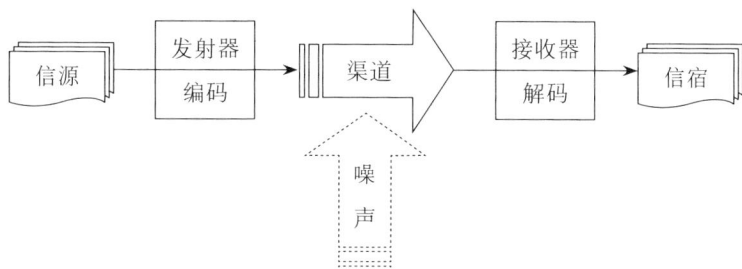

图 2-7　香农模型

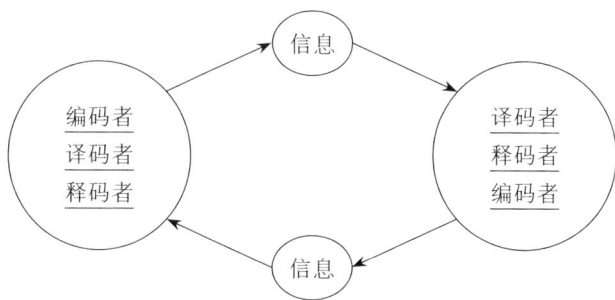

图 2-8　奥斯古德-施拉姆模式

2.网络信息传播的特点

计算机网络的出现为信息传播提供了一个新的平台。网络信息传播是以计算机网络为传播渠道，实现信息传递、交换和分享的过程，其传播过程具有以下几个方面的特征：

（1）传播过程具有互动性。传统的信息传播媒介中，信息的发送者以"推送"的方式将信息传递给接收者，接收者的能动性及信息的反馈能力较差，以至于信息发送者很难及时获取信息受众的反馈信息。而以网络作为传播媒介，则在很大程度上提升了信息传播的互动性，信息接收者不仅可以及时地进行信息反馈，还可以积极主动地在互联网上获取其感兴趣的信息[35]。

（2）传播方式具有多样性。传统的网络信息传播主要以电子邮件（E-mail）、即时通信系统（IM，如 QQ）以及网络电话（VOIP）等人际传播作为主要传播方式。近年来，随着网络技术的不断发展，网络信息的传播方式也层出不穷，尤其是 Web 2.0 技术的发展，使得在传统的人际传播的基础上，出现了大众传播以及群体传播两种网络信息传播方式。大众传播途径包括博客、微博以及微信等；群体传播途径包括网络社区（BBS，如天涯社区）、社交网站（SNS，如人人网）以及网络聊天室等。以上多种类型的网络平台的出现，不仅提高了用户的兴趣度，方便了用户间的交流和互动，也引起了国内外众多学者的研究兴趣[36-44]。用户在各类网络平台上的行为特征如何？信息在这些网络平台上传播的驱动力有哪些？其传播机制如何？以上这些问题成为学者们的研究热点。

（3）传播内容具有丰富性。网络信息传播在对传统媒体的信息形式进行优化的基础上，充分利用了多媒体技术将文字、声音、图片以及视频等多种信息形式加以融合，并以超文本链接方式实现了信息的交互和共享。

（4）信息传播具有即时性。与传统的信息传播渠道相比，网络传播打破了地域界限，使传播范围变得更加广泛，传播速度更为迅捷。传统的媒体（如报纸），在正式发布信息之前，需要经过排版和印刷等制作环节，这大大制约了信息发布的速度。而网络平台上信息内容的生成及制作过程则相对简单，如近几年流行的微博，其将用户的文本输入长度限定在140字以内，且用户可以利用移动设备等客户端随时浏览和发布微博信息，这从很大程度上提升了信息传播的即时性。

（5）传播机制具有复杂性。近年来，学者们通过对众多网络事件传播过程的归纳和总结，揭示了网络信息传播机制的复杂性特点：与确定性系统不同，网络信息传播处于混沌状态。因此，为了进一步揭示网络传播的内在规律与外在驱动力，学者们纷纷采用复杂性科学的研究工具。本书即应用复杂网络理论来研究社交媒体中谣言传播的规律。

3.传染病模型动力学

如前文所述，传播现象普遍存在于自然界和人类社会中，如流感、艾滋病等传染性疾病在人群中的蔓延，计算机病毒在计算机网络上的传播，谣言在社会网络中的扩散等。描述上述事物在现实世界中的传播过程，揭示其内在传播机制，进而制定有效防控策略，一直是数学家、物理学家、生物学家及社会学家研究的热点问题。

传染病都是由病原体所引起的，其在人群中的传染过程包括传染源、传染途径和易感人群三个基本环节。其中，传染源是指自身携带病原体，并可能将其向外界传播的个体；传播途径是指病原体借助于某种媒介，由传染源转移到易感人群的传播过程；易感人群是指具有被病原体感染的潜在可能性的群体。传染病的传播过程包括潜伏期、前驱期、发病期以及恢复期。其中，潜伏期是指病原体入侵人体至首发症状的时期；前驱期是潜伏期末至发病期前，出现某些临床表现的一段短暂时间；发病期是各类传染病的特有症状和体征，随病程发展陆续出现的时期；恢复期是指病原体完全或基本被消灭，免疫力提高，病变修复，临床症状陆续消失的时期。上述过程中，感染者的社会活动决定了传染病的传播模式。

传染病动力学即通过建立传染病的数学模型来模拟传染病的传播过程，进而预测传染病的爆发及传播规律，并给出有效的预防和控制策略。

对传染病动力学的研究可以追溯到1760年Daniel Bernoulli对天花的研究。1911年，Ross博士利用微分方程模型对疟疾在蚊子与人群间的动态传播行为进行了分析。Kermack与Mckendrik在研究黑死病的传播规律时，提出了著名的SIR仓室模型，并于1932对SIR仓室模型进行了改进，提出了SIS仓室模型。1957年，Bailey在Kermack与Mckendrik提出的"仓室"模型的基础上，根据传染病的发生、发展等情况，通过建立数学模型来预测传染病的传播规律及发展趋势，并为以后的传染病动力学研究奠定了基础[45]。

在传染病的动力学研究中，最为经典且应用最广泛的三个模型分别是SIS、SIR和SIRS模型[46]。这三个模型都基于以下几个假设：

I.种群中的人口总数为N，且不会随时间发生变化，即忽略由于个体的出生、死亡或迁移等因素造成的人口总数的改变。

II.只有当易感个体与感染个体接触时才会被感染，且网络中任意两个个体的接触机会是相等的，即传播网络为全连通网络。

III.存在一个固定的感染率λ及阈值λ_c，当$\lambda \geqslant \lambda_c$时，传染病就会爆发。

IV.每个个体均具有相同的恢复率γ。

下面就基于以上假设，分别对经典的SIR模型、SIS模型和SIRS模型进行阐述。

（1）SIR模型

Kermack等人在1927年提出了SIR模型，并利用该模型描述了黑死病在人群中的传播过程。图2-9给出了SIR模型的演化过程。其中，S代表易感（Susceptible）个体，表示那些因为与感染者有过接触而可能被感染的个体；I代表感染（Infected）个体，表示已经被感染，并且可能感染他人的个体；R代表免疫或康复（Recovered）个体，表示感染后已经被治愈，并获得终身免疫力的个体。SIR模型的演化规则可以描述为：

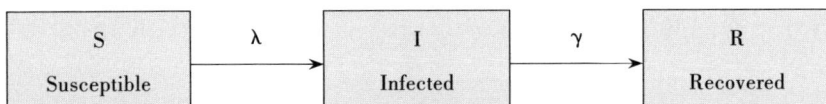

图2-9　SIR模型的演化过程

I.易感个体以传染率（也称为日接触率）λ被某个感染个体所感染，并从易感状态转变成为感染状态。

II.处于感染状态的个体以免疫率（也称为日治愈率）γ被治愈，并获得免疫能力。

III.设S(t)、I(t)和R(t)分别为t时刻易感个体、感染个体以及免疫个体在种群总人口中所占的比例，即三类不同状态个体的密度，则S(t)+I(t)+R(t)=1。

SIR模型可以采用以下微分方程组进行描述：

$$\begin{cases} \dfrac{dS(t)}{dt} = -\lambda I(t)S(t) \\ \dfrac{dI(t)}{dt} = \lambda I(t)S(t) - \gamma I(t) \\ \dfrac{dR(t)}{dt} = \gamma I(t) \end{cases} \tag{2-15}$$

（2）SIS模型

SIR模型适用于个体在治愈后可以获得终身免疫力的疾病，而对于某些特殊类型的传染病，比如淋病、肺结核等，个体感染后虽然可以治愈，但无法获得免疫能力。此时，SIR模型不再适用，而SIS模型可以很好地描述上述疾病的传播过程。

SIS模型与SIR模型最主要的区别在于，SIS模型中的个体只具有两个状态：易感状态S和感染状态I，其演化过程如图2-10所示。

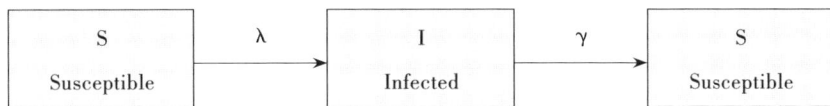

图2-10　SIS模型的演化过程

由图2-10可以得到SIS模型的演化规则为：

I. 易感个体以传染率λ被感染个体所感染，并从易感状态转变成为感染状态。

II. 处于感染状态的个体被治愈后，并未获得免疫能力，其再次以治愈率γ转变成为易感个体。

III. 对于某特定种群，在任意时刻t，有$S(t)+I(t)=1$。

基于以上规则，建立SIS模型的动力学方程组，如下：

$$\begin{cases} \dfrac{dS(t)}{dt} = -\lambda I(t)S(t) + \gamma I(t) \\ \dfrac{dI(t)}{dt} = \lambda I(t)S(t) - \gamma I(t) \end{cases} \tag{2-16}$$

（3）SIRS模型

除了以上两种经典的仓室模型以外，学者们还根据不同类型的传染病的传播特点，对SIR模型和SIS模型进行了改进，提出了许多改进的传染病模型[47]。例如，结核病患者虽然可以在治愈后获得免疫能力，但该免疫能力仅能维持几年至几十年。对于此类免疫期有限的疾病，可以利用SIRS模型来分析其传播规律。

与SIR模型一样，SIRS模型中也存在三种状态：易感状态S、感染状态I以及免疫状态R。在SIR模型中，感染个体治愈后会获得终身免疫能力，而在SIRS模型中，感染个体只能获得有限的免疫能力，即感染个体在治愈后，虽然获得了免疫能力，但该免疫能力会在一段时期之后消失，从而使该个体重新转变为易感状态。图2-11描述了SIRS模型的演化过程。

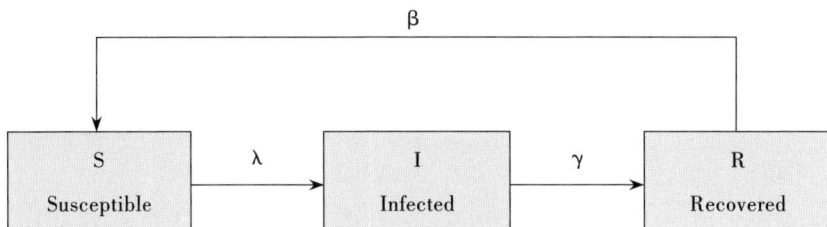

图 2-11 SIRS 模型的演化过程

由图 2-11 可以得到 SIRS 模型的演化规则如下：

I.易感个体以传染率 λ 被某个感染个体所感染，并从易感状态转变成为感染状态。

II.处于感染状态的个体以免疫率 γ 被治愈，并获得有限免疫能力。

III.获得有限免疫能力的个体，在一段时间之后，以概率 β 丧失免疫能力，再次转变为易感状态。

IV.对于某特定种群，在任意时刻 t，有 $S(t)+I(t)+R(t)=1$。

基于以上规则，建立 SIRS 模型的动力学方程组，如下：

$$\begin{cases} \dfrac{dS(t)}{dt} = -\lambda I(t)S(t) + \beta R(t) \\ \dfrac{dI(t)}{dt} = \lambda I(t)S(t) - \gamma I(t) \\ \dfrac{dR(t)}{dt} = \gamma I(t) - \beta R(t) \end{cases} \tag{2-17}$$

李光正和史定华对 SIRS 模型进行了研究，结果表明该模型与 SIR 模型、SIS 模型一样，存在一个不为零的传播阈值[48]；夏承遗等人则对 SIRS 模型进行了改进，提出了具有直接免疫机制的 SIRS 模型，并且指出，直接免疫的速率与免疫丧失的速率均会对传染病的蔓延造成影响[49]。

以上介绍的三类经典传染病模型均是基于全连通的规则网络，然而实证研究表明，大多数的现实网络属于复杂网络，并具有小世界、无标度等某些复杂网络的共有特征，这就使得经典的传染病模型无法如实地反映现实网络中的疾病传播规律。因此，学者们在经典的传染病模型的基础上，考虑了网络结构对疾病传播过程的影响，分别给出了基于均匀网络及无标度网络的传染病模型[48]。

2.2　文献综述

2.2.1　社交媒体舆情

作为舆情的一种特殊表现形式，国内外学者往往借助于舆情研究的理论与方法来分析网络谣言的传播机制。学术界对网络舆情的研究随网络发展而深入，其研究载体也在发生变化，10年前网络舆情的主要研究载体是社区论坛，如中国的天涯论坛[50]等。近年来，互联网工具高度普及，互联网思维广泛扩散，网络舆情的主要研究载体变为社会化媒体平台。因为舆情在社会化媒体中的传播具有突发性、匿名性、非理性、群体极化性等特点，参与人数众多，研究价值越发凸显，其成果不仅应用在网络舆情治理方面，还延伸至市场营销[51]、股票预测[52]、政治选举[53]等领域，本书则主要对网络舆情的传播规律及个体行为加以论述。

突发公共事件爆发后，人们对事件的讨论接连展开，集中体现在社会化媒体中，具体可将舆情传播周期分为前驱期、爆发期、波动期以及消退期四个阶段，并演化出若干子话题[54]，网络中整体舆情传播及子话题演化，随时间近似呈S形增长趋势[55]。舆情的形成及传播都是用户参与的结果，因此探究用户的参与动机[56-57]和动力学机制[58]是舆情研究的主要目标之一。现有研究主要是将用户抽象成节点，用户间的传播关系形成舆情传播网络，并将舆情网络看作一个生态圈。该网络中小部分节点有大量有向边与之相连，大部分节点都只有若干有向边与之连接，或没有有向边相连[59]，且从个体角度能发现中心度较大的点[60]，从整体角度看有很明显的聚类倾向[61]。

部分学者则在将用户抽象成节点的基础上，研究舆情传播的广度与深度。此类研究将社会化媒体中原始舆情扩散路径定义为舆情传播级联[62]，其主要由中心节点发布舆情文本而初步形成，互联网中的其他用户则随事件的发生、发展，通过转发方式参与级联扩展。舆情传播网络中较为典型的理论有复杂网络理论、舆论动力学理论[63]等。

相较一般事件，一些涉及民生、政风、民权等敏感因素的突发公共事件，更能引起全国热论，进而把地区性、局部性和带有某种偶然性的问题变成全民围观的公共话题。事件的突发性和特殊性，使得此类舆情的传播周期较短，舆情传播级联的深度及广度很快能达到峰值[64]。突发公共事件舆情的主要参与主体包括网民、平台、媒体以及意见领袖等。平台是舆情传播的渠道及媒介；而媒体一般由权威机构及官媒党媒充当；意见领袖粉丝众多，因而具有较大影响力。根据"沉默陀螺"理论，加之事件本身较为敏感，网民成为网络舆情传播中的主导力量，其参与谣言传播的主要动机有：仇视公权、同情弱者心理，逆反、宣泄心理，戏谑、娱乐心理，以及窥私探究心理。此外，有调查显示信息获取是人们参与社会化媒体舆情传播的主要动因[65]。除了内在动因，网民的舆情传播行为还受其他参与者及外部环境因素的影响。来源于网络内部的影响包括：

（1）关键用户的影响力[66]，可分为直接影响力与间接影响力。通常情况下粉丝数量多的人直接影响力较大[67]；而间接影响力与其他指标有关，比如是否"提及"其他用户[68]，内容的可理解性[69]等。

（2）文本特征的易读性。有图片、表情、话题等元素的微博更容易被传播[70]。

（3）内容特征的有用性。内容是提出某种信息诉求或为了分享所获信息，则其具有较高的有用性水平[71]。

（4）用户对信息的主观判断具有不确定性，并希望通过反馈来缓解这种不确定性[72]。主观判断的不确定性使得舆情随时间呈 S 形增长趋势。

关于网络外部影响因素的研究相对较少，如陈燕方提出传统媒体[73]、Cynthia 提出事件相关信息[74]，以及平台上的其他事件等。

2.2.2　谣言传播行为

在社交平台所构建的社会系统中，参与个体兼具"网民"与"现实社会人"双重身份，其信息传播行为兼具心理学与社会学的特点，如对未知信息怀疑较低[75]、容易受"沉默螺旋效应"的影响[76]等。

但由于社交平台的信息发布具有匿名性的特点，其信息传播行为特征，同其他渠道相比，存在一定差异，例如，用户是否传播谣言往往与话题敏感程度无关[77]；用户对不同身份类型博主（信息源）的感知可信度差异较大[78]，即人们更愿意信任非匿名用户；用户与传播者的社会关系显著影响用户的传播意愿[79]，且基于社会关系构建的信任桥梁更为坚固。

面对井喷式的网络信息，用户很难判断舆情的准确性，谣言传播者可能并不知道自身在传播谣言，其谣言传播行为的产生却基于一定的心理因素，比如焦虑、意图知会社交圈中的其他人，或对谣言的真实性有一定预期[80]。可见，用户的传播行为受到多方面因素的影响：

（1）用户对不同身份类型博主（信息源）的感知可信度会受到自身属性及使用习惯影响[78]，例如，使用社交媒体频率较高的用户，更容易接触谣言并转发；对热门事件敏感的用户更容易关注谣言。

（2）用户传播行动是否会被触发，受到话题热度影响。话题参与人数越多，越容易引起用户产生谣言行为[81]。

（3）文字所传达的情绪会影响用户转发意愿。学者们对谣言转发文本中蕴含的用户情绪进行了多种形式的分类，例如，有文献[82]将用户情绪划分为激活情绪及退活情绪，有文献[83]认为可激发用户某种情绪的谣言文本更容易引起用户转发。

目前，针对谣言传播行为的研究通常从以下两个角度进行：①基于心理学理论及方法，采用实验研究方法、调查法以及测试法等定性研究手段，对被试行为的动因及心理活动进行分析；②依托计算科学及数学建模等定量研究方法，即离线实验研究方法，根据历史数据进行用户行为建模，以分析不同因素对用户传播谣言行为的影响。对用户行为建模的关键步骤是如何对特征向量进行量化。在社交媒体环境下，影响用户行为的因素众多，因此如何选取合适的指标成为该领域学者们共同面临的一个问题。

很显然，谣言是否对用户产生影响与用户是否会传播谣言是两个研究问题，但两者又难以完全割裂，由此可以提炼出影响用户行为的两方面因素：谣言属性及用户属性。谣言属性主要有文本内容的争议性、话题的热度、是否有辟谣信息以及谣言发出者的人口统计特征等；用户属性中除了包括参与用户的人口统计特征，诸如年龄、地区、平台注册时间等以外，还有用户对谣言的兴趣度，这一特征将谣言属性和用户属性联系起来，成为用户行为研究的重点和难点。通过对现有文献分析可知，存在两个方面的因素会影响用户对谣言的兴趣度。

（1）文字内容。如有文献[84]基于文本聚类模型将用户历史微博聚类，加权计算用户对谣言的兴趣度，且内容结构也可能对不同用户有不同影响[70]。

（2）相邻节点对用户的影响。有文献[85]利用关系变量对用户进行聚类，并对其好友的兴趣度进行加权，以求得用户的兴趣度。

综上所述，以往在治理谣言时，往往采取"一刀切"或阻断目标群体中的节点及链接来避免更多的用户接触到谣言[86]。该方法虽然可以在短时间内遏制谣言的进一步扩散，但增加了谣言的神秘性，激发了用户对谣言的好奇心，反而不利于舆论的疏导。因此，本书将从微观层面上对突发事件背景下社交媒体用户的谣言传播行为进行研究，从而为进行科学有效的谣言治理提供重要的理论依据。

2.3　本章小结

本章首先对复杂网络理论进行了综述，包括复杂网络的发展历程、复杂网络的一般特征及统计特性以及复杂网络模型等。复杂网络是由规模庞大的节点及节点之间错综复杂的关系所构成的网络结构。从18世纪中叶Euler建立"图论"开始，到20世纪50年代ER模型的提出，再到Watts和Strogatz的小世界模型的建立，复杂网络理论不断丰富，其应用领域也从数学、物理学向社会学、经济学、生物学以及计算机科学等多个学科领域不断拓展，并促进了多个学科的交叉和融合。目前，复杂网络理论不仅为揭示现实世界的复杂性提供了一种新的视角，同时也成为研究复杂性科学和复杂系统的有力工具。本书即基于复杂网络理论对突发事件背景下社交媒体舆情（包括谣言及非谣言）的传播规律进行分析。

传染病模型是信息传播动力学研究领域中最重要的一类模型，其主要应用于对传染性疾病、计算机病毒以及谣言等事物的扩散机制的研究。本书即基于传染病动力学构建了社交媒体谣言传播模型。为此，本章对三个经典的传染病模型——SIR模型、SIS模型以及SIRS模型进行了回顾。

为了更好地揭示突发事件背景下社交媒体谣言的传播规律及演化机理，本书拟分别对宏观层面的谣言传播规律以及微观层面的心理行为特征进行深入分析。为此，本章分别对社交媒体舆情传播规律以及谣言传播行为领域的研究进展进行了梳理与归纳，从而为本书后续章节的研究提供参考依据。

第3章　突发事件背景下社交媒体谣言传播规律

3.1　概述

现代社会网络发达，人们对及时化、碎片化信息的需求较强。社交媒体集合了情报收集与信息扩散两大功能，具有社交性、实时性、内容主导性、个性化等[87]特点，较好地满足了人们的求知需求，成为当今人们了解时事资讯的最主要方式之一。但这种高效的信息联通是一把双刃剑，人们在获取正确信息的同时，难免被网络噪声所扰，尤其当突发公共事件发生时，由于事件发生与政府介入处理存在一定时间差，民众的应对能力与客观事实不平衡。出于应激心理，人们会选择相信已有的非官方网络言论并传播出去，这些未经证实的网络言论中不乏谣言，将人们对事件背后的揣测与愤怒，顺着互联网这个四通八达的网络，传达给许许多多不知情的网民，使得网络情绪陷入混乱，将"好事不出门，坏事传千里"这一俗语演绎得淋漓尽致，甚至权威机关或媒体介入之后，还继续传播扩散，对有关部门回应事件发展造成阻碍。

目前，处于社会转型期的中国，面临着诸多社会问题的严峻挑战，如人口问题、环境污染问题、腐败问题、贫困问题以及就业问题等。在此背景之下，某些突发事件的发生，使社会纠纷集中涌现，社会矛盾进一步激化，此时极易诱发谣言产生，进而扰乱正常的社会秩序，如"2003年非典事件"夸大了板蓝根的功效、"2011年核辐射泄露事件"导致了哄抢碘盐现象、"2014年禽流感事件"使家禽产品大幅降价，以及"2016年山东非法疫苗事件"带来的疫苗恐慌等。这些不良影响，不仅会扰乱当下社会秩序，更会累积人们对政府的不满情绪，阻碍其他政策的颁布与实施。正因为人们与谣言距离近、对谣言抵抗力低，谣言对社会波及面广、破坏力大，急需学者们对突发事件背景下的谣言传播规律进行深入研究，从而为相关部门进行科学有效的谣言导控提供重要的决策支撑。

3.2 相关工作

网络舆情是网络中各主体信息分享、观点表达的综合体，但舆情传播中也存在网络噪声，也就是本书重点研究的谣言。恶性谣言不仅会扰乱社会经济的正常秩序，影响人们的正常生活，有时候甚至会降低国家公信力，影响政府执政能力[88]。谣言一般产生于舆情传播的前驱期，并在较短时间内迅速出现。这些谣言在传播初期可能参与传播的人数较少，但却能产生较大深度的传播级联[89]。与传统谣言相比，网络谣言传播具有规模大、变化快、传播迅速等特点，给谣言澄清带来阻碍。谣言与非谣言同时在平台中产生，均具有内容完整多样的特点，使得谣言更具伪装性和欺骗性，普通用户很难区分，加大了事件的混淆性，容易引起热议，因而对谣言与非谣言加以区分能够从根源上阻断谣言传播[90]，对肃清网络环境、加速正确信息传播具有重要意义。研究表明，包含在舆情传播网络中的谣言子网，在传播上具有突发性、持续性、多变性、非理性以及群体极化性等特点，且网民对未经证实的早期信息响应较快，对辟谣信息却反应平淡[89]。

　　为此，学者们从危机沟通[91]、信息可信度[92]、环境认知[67]以及信息系统[93]等层面，对谣言及非谣言的传播规律进行了深入分析，发现谣言在产生动因以及信息传播渠道、传播范围等方面都与非谣言不同。有学者从造谣者识别角度出发，指出谣言发出者一般为新用户，且不止参与一次谣言传播[89]，识别指标量化为用户的平台使用时间[94]、个人简介、粉丝数、关注数等指标；从谣言文本角度来看，谣言往往需要伪装成丰富完整的正式信息，其中可能存在网页链接（URL）[94]、标签[95]、表情[70]、正式用语等，因此学者们往往采用文本挖掘技术来对谣言文本内容进行分析；从谣言传播网络结构角度来看，谣言传播网络往往具有较多次级节点，结构松散，但相对非谣言信息来说，谣言传播网络的密度更高，其具体的衡量指标包括网络密度、关系强度、声望[96]等；从传播动态特征角度来看，谣言爆发的时间更短，但存活时间也相对较短[89]，且谣言传播级联中可能包含有多个峰值[97][98]。

　　由以上分析可知，针对谣言传播规律问题，尽管现有文献已经建立起较为完整的研究框架，却仍存在一些问题：

　　（1）谣言研究往往采用了与一般舆情研究相同的特征指标，且缺乏与一般舆情的对比研究，使得研究结论与一般舆情传播特征相近。

　　（2）基于谣言传播规律展开的谣言治理方面的文献较多，如谣言的识别、澄清以及阻断，却缺乏基于真实数据展开的谣言传播动态规律研究。基于舆情传播规律，学者们能够识别热门话题并预测某事件的讨论网络热度[67]。一般来说，讨论度强的话题更容易滋生谣言。现有文献一般采用建模[99]或深度学习[94]的方式来探究谣言治理问题，即选取舆情传播特征作为模型的变量或特征向量，研究数据为截面数据，以在微观层面研究谣言传播规律问题，却缺乏基于动态行为数据的谣言传播宏观规律研究。上述行为数据以传播级联为单位，随时间变化或累积，同时也包括参与者属性、特征舆情的宏观统计数据[100]，其主要目的是根据谣言动态信息，得出谣言传播规律。从应用角度来说，对比同一事件中的谣言及非谣言数据，有助于挖掘隐藏在众多一般舆情中的谣言信息，从而为舆情治理提供理论基础与实践方向。目前一些文献获取了大量Twitter、Facebook的舆情数据，在时间、空间等维度对谣言传播规律进行研究，发现谣言传播级联较非谣言传播级联传播范围广、传播程度深，聚类效果明显[101]，说明谣言较非谣言更能引起网民争议，且谣言发出者在网络中影响更大。此外，相较而言，中国网络舆情治理更加有力，谣言制造者与传播者都有较大的法律或道德风险，因此有必要基于中国情境开展谣言传播宏观规律的研究。

3.3 数据收集与整理

我国是突发事件的高发国家，尤其是涉及公共安全与大众健康的公共事件，极易引发网民的激烈讨论。本书在"艾媒网"舆情板块总结的"2018年每月十大舆情事件"中选取4月份的榜首事件——"米脂三中伤人事件"①，并以微博为舆情平台，利用Goo Seeker软件爬取原始微博（包括时间、内容、有无标签、转发量等）、发出者特征（包括粉丝数、关注者、注册时间、地点、发博数、有无认证等）、原始微博的转发数据（包括转发者特征以及转发内容）等内容，共2 659条原始微博，158 379条转发数据，其中原始微博发出时间为2018年4月27日19：20—2018年4月28日1：00。

本章进行的舆情传播规律研究，旨在通过对比谣言与非谣言在社交媒体上的传播差异，得出突发事件谣言传播的一般性规律。为了得到这些特征规律，将2 659条原始微博按照发出时间顺序进行编码，参与某原始微博转发的用户，按照"微博码+用户码"的方式编码，并以微博码为文件名分别保存，接下来执行如下步骤：

Ⅰ.为了进一步理清用户间的转发关系，文本在转发文本中以"//@"为分隔，确定用户转发的具体路径，进而确定用户所在深度层级，以及每一深度上的参与用户数量，计算达到最大深度的时间（分钟），以及达到最大深度时的舆情级联规模；

Ⅱ.根据用户转发关系，构建转发矩阵，并将转发矩阵作为输入，利用Ucinet软件计算结构性病毒指数；

---

① 米脂三中伤人事件：2018年4月27日18时10分许，米脂县第三中学学生放学途中遭犯罪嫌疑人袭击，造成19名学生受伤，其中7人死亡（人民日报报道）。

Ⅲ.为了观察舆情传播特征随时间的变化规律，分别以t=1、10、100、1 000以及10 000分钟为分割点，计算从微博发出至分割点间的传播深度及传播规模；

Ⅳ.利用Excel表格，直接计算各传播级联的生命周期。

3.4 谣言传播规律研究

突发公共事件爆发之初，网民的意见集中体现在社交媒体之中，但由于缺乏权威部门的证实，网络中的恐慌氛围逐步蔓延。这种恐慌产生的原因有：网民急需危机事件的相关信息[102]，以快速消除疑虑或找到解决办法；个别网民为引起其他网民的关注而发布不实信息扰乱网络环境；其他危机事件与该事件联系紧密导致网民产生衍生情绪[103]。在权威部门证实之前，与事件相关的网络言论的真实性与否往往难以分辨，英文文献中常用"Rumor"来定义这一时期的网络言论，意为未经证实的流言（本章根据中文语境，将真实流言定义为非谣言，将虚假流言定义为谣言）。因为网民在此段时间内无法获得准确信息，而网络信息较为复杂，且没有形成明显的派系，所以当其选择相信并进一步传播某种言论时显示出充分的自主性及能动性。一段时间之后，权威部门会针对事件给出正确的说法以及处理结果，但由于网民已经提前接触了谣言，尤其对于那些选择相信并传播谣言的网民，正确信息未必会使其对谣言的态度发生改变，从而对网络舆情治理造成困难。

因为权威部门在事件调查与事件澄清间存在时间差，所以有学者提出谣言平台自检测的想法[103]。但在突发事件网络舆情传播初期，由于缺乏正确信息作为参照，谣言与非谣言难以直接根据文本差异进行判断，所以进行谣言检测更一般的想法是根据网络中用户行为加以判断，即根据网友对信息的反应检测谣言。部分文献显示，与非谣言相比，谣言在社交网络中传播时间更短，参与用户更多[104]，并且谣言与非谣言在传播过程中呈现出不同的生命周期曲线[73]。然而，目前直接对比谣言与非谣言传播规律的文献较少，许多进行谣言检测研究的文献也缺少对其所选取的特征进行严谨的论述或证实，更缺乏中国情景下的谣言与非谣言传播特征对比。基于此，本书针对突发事件网络舆情在中国社交媒体平台上的传播规律进行探讨。

区别于线下与传统舆情传播渠道，如新闻、广播等，社交媒体兼具在线社交与信息传递两种功能[105]。社交媒体中的舆情信息从"点"向"面"呈扇形扩散出去，传递的基本单位变成舆情级联[104]，不同舆情级联间可能存在话题重叠或用户重叠（即不同级联中的部分参与用户相同）的情况，使得舆情级联间相互联系，形成规模较大的舆情传播网络。因此，本章选取基于舆情级联的量化特征，对比分析突发事件中谣言与非谣言在社交媒体中的传播规律，其中包括传播深度、传播广度、传播规模、传播周期以及网络平均距离等。

3.4.1 舆情传播级联的特征选取

由分析可知，当某用户在社交媒体平台上发布一条微博时，该微博会展示在相关话题的搜索页面下，也会展示在关注该用户的界面上，即网络中的所有用户都有机会接触到该微博。用户接触微博后可能有几种反应：转发、评论、点赞以及不操作，其中用户的转发行为被视为信息传播的最重要方式[106]。因此，本章所研究的舆情传播特征，也是对网络中舆情信息的转发特征进行量化分析。前文提到，舆情在社交媒体中以"级联"的形式传播，某用户发出一条微博时，即形成一个舆情传播级联，如果其他用户对该微博进行转发，则不会产生新的舆情级联，而是会增加当前舆情级联的深度或广度，进而扩大舆情级联的规模。本章将参与舆情传播的用户抽象为节点，将转发关系抽象为边，用户间的微博转发关系如图3-1所示。图3-1中的舆情传播级联特征参数描述如下：

（1）传播深度：中心用户发出微博后，位列深度为0的层级上，其他用户若直接转发中心用户的微博，则其位列深度为1的层级上；若转发其他深度层级上用户的微博，则其所在深度为被转发用户深度加1。如图3-1（a）所示，该舆情级联中共有8名用户，分列4个深度层级。

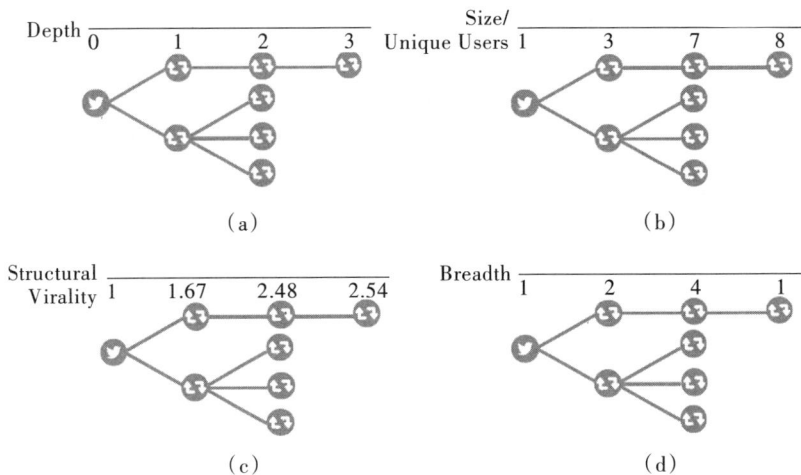

图3-1　基于舆情级联的舆情传播特征

（2）传播规模：亦可称为参与用户数量，中心用户发出微博后，其他用户参与转发，即舆情级联规模增加1，若用户重复转发，舆情级联规模不会增加。如图3-1（b）所示，该舆情级联中共有8名不同用户，舆情规模为8。

（3）结构性病毒指数：也可称为网络平均距离，设微博的转发者与被转发者间距离为1，节点与节点间的距离d_{ij}按最短距离计算，舆情级联病毒性指数的计算公式见公式（3-1）。如图3-1（c）所示，该舆情级联中8个节点的结构性病毒指数为2.54。

$$v = \frac{1}{n(n-1)}\sum_{i=1}^{n}\sum_{j=1}^{n}d_{ij} \tag{3-1}$$

（4）传播宽度：表示每一深度上不同用户的数量。如图3-1（d）所示，该舆情级联共有4个深度层级，每一层级的传播宽度分别为1、2、4、1，其中最大宽度为4。

（5）传播周期：表示从舆情发出到最后一名用户转发的时间差。

3.4.2　谣言传播特征数据分析

为了实现微博谣言与非谣言的划分，本章参考文献[107]中请三名同学分别对抓取的2 659条原始微博进行归类，具体为：谣言、非谣言以及其他，并对三组序列两两进行柯尔莫诺夫-斯米尔诺夫检验（K-S Test），结果均显著（p＞0.05），即三组数列在95%显著水平下分布一致，可以作为谣言标注的结果。最终判定谣言544条，非谣言1 103条，其他1 012条，比例约为1∶2∶2，筛选得到的谣言内容如表3-1所示。

表3-1　　　　　　　　　　选取案例主要谣言及正确说法

序号	内容	更正
1	嫌疑人人数为3名	嫌疑人人数为1名
2	嫌疑人系中年人	嫌疑人出生于20世纪90年代，系青年人
3	嫌疑人为未成年人	嫌疑人28岁，已成年
4	此事件为校园暴力事件	此事件在校外发生，且嫌疑人非学生
5	死伤人数有误	19人伤亡，其中9人不幸去世

接下来，根据上文提及的指标进行谣言级联与非谣言级联的区分。本书分别对舆情级联的传播规模、传播周期、结构性病毒指数、最大宽度、最大深度以及到达最大深度的平均时间进行比较。整体来看，谣言与非谣言级联趋势相近，有较大幅度的数据变化，而其他类型的舆情级联在传播特征上表现出明显的单一性，这种类型的舆情传播深度短（最大深度为3，小于谣言级联的10）、传播宽度小（最大宽度为16，小于谣言级联的6 282）、参与人数少（最大规模为18，小于谣言级联的7 906），且很快进入消退期（最长生命周期3 664min，小于谣言级联的4 441min）。可能的原因是这类舆情并没有向接收者传递事件信息，更多的是表达了博主的私人情感，未能引发网民的讨论，侧面反映出突发公共事件爆发后社交媒体中网民对信息的需求较大。

图3-2分别从传播规模、传播周期特征以及传播宽度等角度，对谣言与非谣言传播级联的传播特征进行了对比分析。由图3-2可知，整体来看非谣言仍占据主导地位。

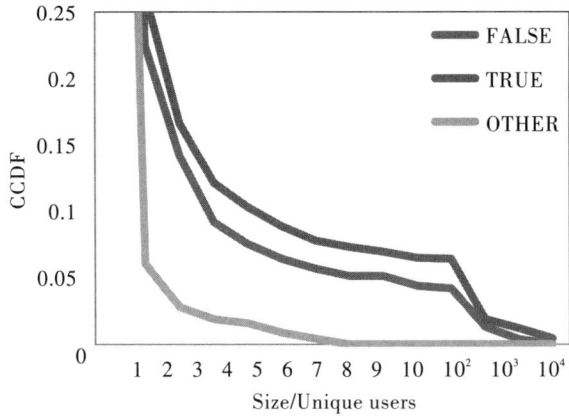

（a）

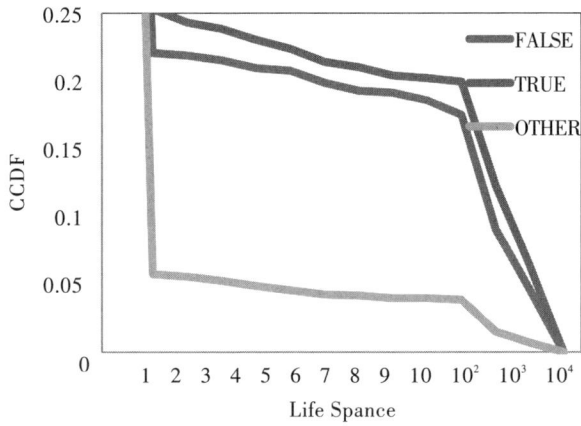

（b）

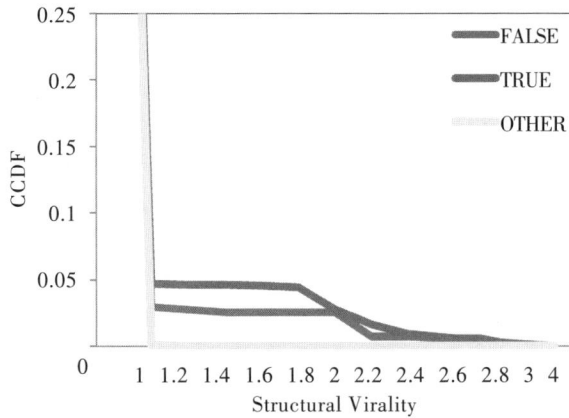

（c）

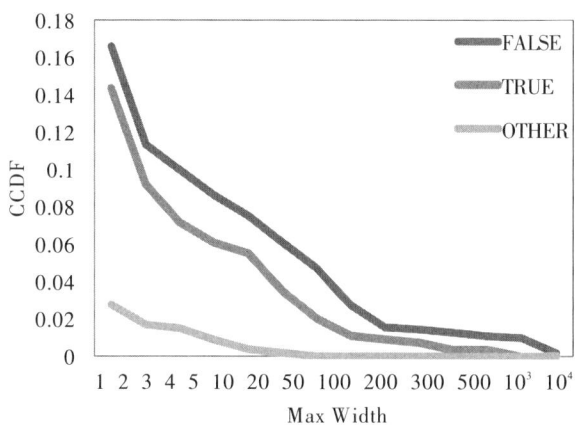

（d）

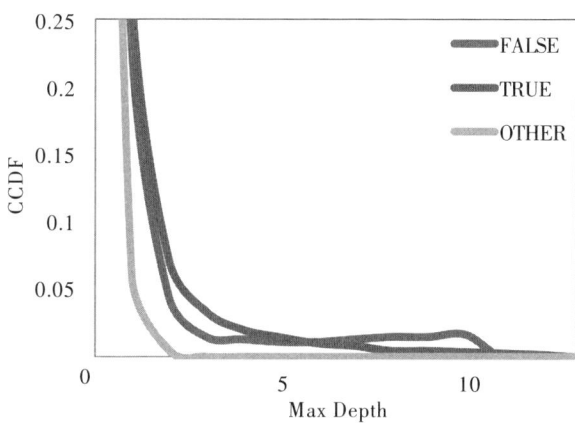

（e）

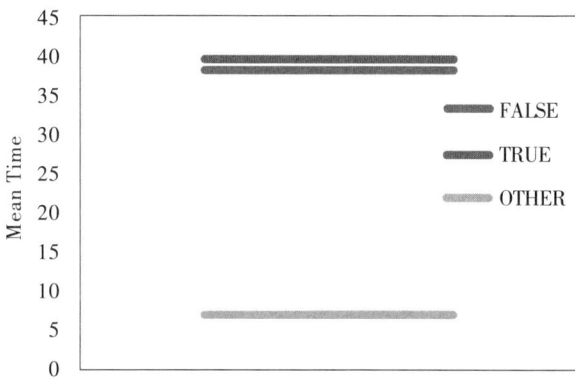

（f）

图3-2　突发事件中舆情传播指标

1.传播规模

网络中传播规模在1 000以上的舆情级联仅占全部的1%左右，大部分舆情级联的传播规模在5以内。从图3-2（a）来看，小规模以及超大规模的非谣言级联比重，比谣言级联大；中间规模的谣言级联比重，比非谣言级联大，尤其是规模为3或4的谣言级联较多（6.6%>6.2%），说明谣言级联初期容易引发讨论，但权威信息的发布会使谣言传播迅速进入消退期。

2.传播周期

该事件在网络中的最长传播周期为4 547min，全部舆情级联平均传播周期为117.6min，其中谣言平均传播周期为138min，非谣言平均传播周期为196min。从图3-2（b）来看，传播周期在100min以内的谣言级联比重，大于非谣言级联（82.5%>80.0%），说明谣言传播持续时间较短，外部环境对谣言传播有较大影响[73]。就结构性病毒指数而言，网络整体指数为1.03，其中谣言级联平均指数为1.04，非谣言级联平均指数为1.06。从图3-2（c）来看，网络中舆情级联结构性病毒指数均较小，说明微博平台的信息传递呈星形结构，即大多数节点与中心节点直接相连，信息传递效率整体较高，且与非谣言级联相比，谣言级联更接近这种传递方式，属于一种点对点的信息传播模式。

3.传播宽度

网络中舆情级联的最大宽度往往产生于深度为1或2的层级。从图3-2（d）来看，整体上非谣言级联的传播宽度比谣言级联大，但谣言级联的传播宽度更为平均，尤其传播宽度为3或4的谣言级联比重更大（3.1%>2.7%），说明谣言在网络中有一定影响力，且在事件爆发前期有发展的可能性。就传播深度而言，网络中独立的舆情级联（未产生转发）数量庞大，约占总体舆情级联的85.3%。从图3-2（e）来看，网络中那些传播深度大于0的舆情级联中，传播深度大于5的舆情级联比例已经非常小，且谣言级联的传播深度普遍较小，传播深度小于5的谣言级联占比，大于非谣言级联（98.9%>98.5%）。结合传播宽度指标分析可知，网络中深度小且宽度大的谣言级联多，而深度大且宽度小的非谣言级联多，说明谣言传播呈现扁平化趋势，而非谣言传播是一种广播模式。图 3-2（f）表示三种类型的舆情级联达到最大深度的平均时间，谣言级联的平均时间小于非谣言级联（38.1min<39.4min），说明谣言传播比非谣言快，这种差别可能与传播结构有关，也可能与话题敏感性有关。

从上文中的分析不难发现，突发事件爆发后，网民迅速在社交媒体上展开讨论，但在事件爆发初期，网络中缺少权威信息，导致平台上谣言与非谣言混杂。然而，整体来看，谣言与非谣言都是对事件的具体描述，传达较多信息，因而容易产生转发；而其他信息虽然也带有事件标签，但主要表达了博主的私人感情，没有满足网民的信息需求，不容易产生转发。经过一段时间的传播，谣言与非谣言传播呈现出不同的传播特征，相较谣言信息，非谣言信息传播更广、持续时间更长、参与人数更多，体现在传播深度、传播周期以及传播规模上。非谣言级联的传播特征数值大于谣言级联；相较非谣言信息，谣言信息传播更快，传播模式呈现星形结构，主要体现在平均传播时间、结构化病毒指数上，谣言级联的传播特征指数小于非谣言级联；虽然网络最终被非谣言信息主导，但在事件爆发初期，谣言级联的传播深度及传播广度很容易达到一个相对较大的值（3或4），说明谣言信息有一定传播潜力，但环境因素对谣言传播影响较大，权威信息的出现会使谣言信息迅速进入消退期。

3.4.3 谣言传播者特征数据分析

根据已有文献，谣言发出和传播者更有可能是那些新用户或入驻平台时间较短的用户[89]。这些用户往往粉丝数及关注数较少，博文发布条数较少，平台使用时间较短。一些基于Twitter的社交舆情数据显示，在 95% 的置信度下，谣言级联被传播的可能性比非谣言级联大70%[108]。为了验证上述传播者特征在国内社交媒体平台的适用性，以及进一步分析国内突发事件网络舆情传播者特征规律，本章抓取了以上舆情级联传播用户的个人信息，包括性别（sex）、粉丝数（follower）、关注者数（followee）、注册时间（life）、历史发送微博数量（weibo）以及是否被平台认证（authen）等六个属性，并基于谣言级联、非谣言级联，对这六项的特征指标做数理统计分析；接下来，以转发数为因变量，以六项指标为自变量，做相关性分析。

在对传播者特征进行数理统计分析中，本书选取了三种统计方式：平均值、中位数及平方差，结果如表3-2所示：①谣言传播者与非谣言传播者的性别比例一致，男女比约为1∶1，女性偏多；②非谣言传播者的平均粉丝数远大于谣言传播者，且非谣言传播者的用户构成更复杂，表现为其粉丝数平方差数值更大；③谣言传播者与非谣言传播者的关注数与注册时间相差不大；④相较非谣言传播者，谣言传播者微博使用不频繁，表现为谣言传播者的平均发送微博量约为非谣言传播者的0.5倍；⑤意见领袖不太可能参与谣言传播，表现为非谣言传播者被平台认证的比例更大，约为非谣言传播者的3倍。由此可见，谣言传播者的人口统计学特征并不明显，与国外文献所描述的特征基本一致：是一些平台关系简单、使用频率较低的普通用户。3.4.2节的分析表明，微博平台中，谣言传播级联的传播规模、传播深度、传播宽度、生命周期等指标均弱于非谣言传播级联，究其原因，有可能是一些影响力较小的人，参与了谣言级联的传播，所以导致谣言级联传播力度较小，因此本节进行了相关性分析实验。

表3-2　　　　　　　　传播者特征数理统计分析

	Mean		Median		Std	
	True	False	True	False	True	False
sex	0.49	0.49	0	0	0.500	0.500
follower	648 777	109 077	166	210	3 865 512.221	1 488 804.99
followee	509	524	235	256	991.285	801.698
life	1 574	1 637	1 630	1 709	850.181	852.597
weibo	8 419	4 079	547	649	22 553.682	10 199.432
authen	0.12	0.04	0	0	0.3295	0.201

从表3-2的结果来看，谣言与非谣言传播者特征的平均数指标，主要差别为粉丝数量、历史发出微博数量以及是否为平台认证，这是因为在较长的时间范围内，尤其从事件发生中期开始，有一些意见领袖在平台上发布非谣言信息，比如"@华商报""@澎湃新闻"等权威媒体用户，这些用户的粉丝数量、历史发出微博数量与一般用户相比，存在量级上的差异，因此导致谣言传播者与非谣言传播者的平均指标相差较大。从中位数的角度看，谣言与非谣言传播者的所有特征指标都十分相近，最大相差102，进一步验证可知，级联"头部用户"是造成两种舆情传播者平均指标产生偏差的重要原因。因此，本书进一步缩短时间范围至事发3小时以内，观察事件早期两种舆情传播者的传播特征情况，具体结果见表3-3。

表3-3　　　　　　　　　　早期传播者特征数理统计分析

	Mean		Median		Std	
	True	False	True	False	True	False
sex	0.6	0.54	1	1	0.489	0.499
reaction	112	113	112	113	15.383	15.822
follower	771	1 120	119	156	1 604.061	2 385.472
followee	540	452	250	184	657.560	558.666
life	1 408	1 398	1 507	1 400	902.727	872.875
weibo	2 088	1 751	389	580	4 480.189	3 327.582
authen	0.02	0.01	0	0	0.124	0.110

事件发生早期，意见领袖用户参与较少，被认证用户只占1%~2%。这一阶段，谣言与非谣言传播者传播特征的数理统计指标非常接近，甚至谣言传播者粉丝数量的平均数、中位数都大于非谣言传播者的对应指标数值。也就是说，虽然在突发事件的整个生命周期中，谣言舆论并不占优势，但在事件发生早期，谣言与非谣言都有较强的影响力，一旦谣言占据舆论场优势，将对舆情疏导造成阻碍。在这种情况下，网络中潜

在谣言传播者更加难以识别，仅通过定量变量难以预测网络中用户的传播行为。

用户的谣言传播行为与多因素相关，针对舆情传播的影响因素问题，现有文献基于表3-2中涉及的因素进行了深入分析，但缺乏这些因素对谣言传播的影响作用分析。因此，本书以谣言传播规模为因变量，以传播者的性别、反应时间、粉丝数、关注者数、注册时长、微博数量为自变量，进行相关性分析，具体结果见表3-4。由表3-4可知，性别、关注数、注册时长、微博数量与舆情传播无关；在95%的显著性水平下，粉丝数与舆情传播正相关，反应时间与舆情传播负相关。

表3-4 谣言传播影响因素相关性分析

	Coefficients	Std	t Stat	P-value
Intercept	8.15538653	2.85202658	2.8595058	0.00434275
sex	−0.8233297	1.18650934	−0.6939092	0.48792127
followee	0.00018378	0.00164408	0.11178299	0.91102082
follower	0.00030481	3.4262E−05	8.89647858	3.1976E−18
weibo	−0.0002309	0.00016989	−1.3593752	0.17437401
life	0.00044632	0.00075407	0.59188144	0.55408115
reaction	−0.0183983	0.00975878	−1.8853076	0.05971569

由以上分析可知，发布越早、发布者影响力越大的微博，越容易被传播，也就是说，当网络中的1个节点面对多个谣言信息时，会倾向传播发布时间距离事发时间间隔短、发布者粉丝数量多的微博。然而，网络中节点数量远大于谣言的数量，监控所有节点并阻碍其接触谣言，具有较高的信息成本。相比之下，一旦监控到一则谣言舆情，即从所有可能接触谣言的节点，即风险节点中，识别可能传播的节点并加以抑制，可以有效降低阻断谣言的信息成本。本节对节点传播行为的分析结论，为准确识别风险节点提供了重要的理论依据。

3.5　本章小结

转型期的中国，各类突发事件井喷式爆发，与此同时，社交媒体成为突发事件舆情传播的重要载体之一。相较传统舆情传播载体，社交媒体信源多，草根用户占比大，影响范围广泛，容易诱发谣言且管理困难。谣言传播机制研究对于网络空间治理具有重要意义。然而，该领域的研究往往缺乏实证数据和理论基础，现有研究更侧重从心理学角度对谣言传播问题进行解释，如基于议程设置理论、沉默螺旋理论以及谣言传播心理的影响因素分析等，探讨谣言传播规律。相较于其他传播平台，社交媒体中传播者的态度和传播行为更加"显性化"，收集数据较为容易，这为谣言传播机制研究提供了丰富的数据样本。本章选取了特定突发事件作为案例，并利用网络爬虫从新浪微博中获取了相关舆情数据，用以量化谣言传播特征指标，揭示谣言传播规律。本章得到的研究结论如下：

（1）以微博为代表的社交媒体平台，其舆情传播参与用户可以被进一步划分为信源和传播者两类，转发成功可视为进行了一次信息传播。因此，舆情传播级联由转发者及被转发者构成。从传播级联结构来看，相较非谣言传播级联，谣言传播级联中转发者直接转发信源的比例更大，二次转发关系较少，表现出谣言传播级联传播速度快、信息损失少等特征。以上结果表明，在真实信息未知的情况下，谣言信息更容易被传播且传播范围更广。

（2）目前，以微博为代表的社交媒体平台起到越发重要的社会作用，且部分意见领袖在网络中追随者较多，有较大话语权。从传播级联构成来看，除较少被平台认证外，谣言与非谣言传播者平均使用水平相似，具体表现为谣言传播级联与非谣言传播级联参与用户的粉丝数、关注者、平台注册时间以及信息发布数量平均值相当，因而在识别潜在谣言传播者时，用户属性不是主要因素。

（3）以微博为代表的社交媒体平台，其舆情传播具有一定的规律性，一般会经历前驱期、爆发期、波动期以及消退期四个阶段，但相较非谣言传播级联，谣言传播级联进入消退期更为迅速。因此，从谣言传播规律来看，虽然网络最终被非谣言信息所主导，但在事件爆发初期，谣言级联的传播深度及传播广度增加速度更快，说明谣言信息具有一定的传播潜力，但环境因素对谣言传播影响较大，权威信息的出现会使谣言信息迅速进入消退期。

第4章 突发事件背景下社交媒体谣言传播模型

4.1 引言

  作为社会交往中的一种重要形式，谣言通常被定义为对公众感兴趣的事物、事件以及话题等未经证实的陈述或解释[109]-[112]。人们往往通过捏造和散布谣言来增强意识、制造事端、诽谤他人、分散注意力及引发恐慌等[113]-[115]。Web 2.0以及移动互联网技术的快速发展，使得各类社交媒体成为用户信息获取、传播、分享以及好友间交流互动的主要平台。然而，社交媒体却是一把"双刃剑"，它在为人们提供便利的信息互动渠道的同时，也降低了不实信息的传播成本，进而发展成为网络谣言肆意滋生的温床。社交媒体平台庞大的用户规模，以及即时性、开放性等特点，又使得谣言传播的广度和速度远远高于现实社会网络[116]-[117]，从而导致严重的经济损失和社会恐慌[118]-[121]。建立突发事件背景下的社交媒体谣言传播模型，并深入分析谣言传播演化的动力学机理，有助于相关部门制定科学有效的社交媒体谣言控制策略，从而成为近年来突发事件应急管理领域的研究热点之一。

4.2 相关研究

大量的实证研究表明，社会网络中的谣言传播作为一种社会传染过程[122]，与传染病的传染过程十分相似。因此，大多数谣言传播模型都是演化自经典的传染病模型，如 SI 模型、SIR 模型和 SIS 模型等[123]。D-K 模型是由 Daley 和 Kendall 于 1965 年提出的一个经典的谣言传播模型[124]。该模型将人群划分为三类：谣言未知者、谣言传播者和谣言免疫者（即已知谣言但永远不会传播谣言的人群）。基于 D-K 模型，Maki 和 Thomson 提出了 M-K 模型，其假设一个传播者最终会以一定概率停止谣言传播，从而转变成为沉默者[125]。自此，学者们通过对传统的传染病模型进行改进，提出了多种不同网络环境下的谣言传播模型，以揭示谣言传播演化的动力学机理。

近年来，随着社交媒体的日益普及，越来越多的学者将研究重点转移至社交媒体中谣言传播动力学研究。Wang 等人在 SIR 模型中加入了接受阈值，建立了一个考虑记忆效应的移动社交网络谣言传播模型——CSR 模型[126]。Gu 等人则认为有效的免疫策略将有助于对谣言的传播进行抑制，进而提出了一个基于社交媒体的 SEIR 谣言传播模型[127]。Zhao 等人研究了滞后性效应、空间扩散、媒体关注度等因素对谣言传播过程的影响，提出了面向社会网络的时态谣言传播模型[128]。Wang 等人提出了一个考虑个体影响力的社会网络信息扩散模型，并分析了节点状态对信息扩散的影响[129]。Zhao 等人提出了一个基于新媒体流行程度的谣言传播模型[130]。Huo 等人建立了一个结合两种媒体关注度的谣言传播模型。仿真结果表明，两种媒介之间无知者的转变率和媒体关注度都会影响谣言传播过程[131]。Zhao 等人基于 SIR 模型建立了一个考虑遗忘机制的谣言传播模型，并利用该模型描述了交友网站——LiveJournal 上的谣言传播过程[132]。Huo 等人提出了一个具有可变用户规模和传播潜伏期的谣言传播模型[133]。Wang 等人考虑了信任机制对谣言传播过程的影响，建立了一个面向复杂社会网络的谣言传播模型[134]。Afassinou 通过将人群划分为受教育群体和非受教育群体，建立了一个 SEIR 谣言传播模型。仿真结果表明，教育水平对抑制谣言传播具有显著作用[135]。Xia 等人建立了一个考虑个体犹豫机制的谣言传播模型[136]。Dong 等人在经典 SIR 模型的基础上，考虑了社交媒体中用户规模的动态变化，构建了面向社交媒体的谣言传播模型，并分析了新注册用户增长率和未激活用户增长率对谣言传播过程的影响[137]。Zhang 等人通过分析复杂网络的动力学特性，分别建立了面向同质网络和异质网络的谣言传播模型[138]。Hu 等人提出了一种考虑网络中明智人存在的谣言传播模型，并在该模型中将谣言传播速度设定为随时间变化的变量，而非常量[139]。Zhang 等人基于超扩散效应分别提出了谣言传播模型和权威信息传播模型。仿真结果表明，超扩散效应对谣言的影响比对权威信息的影响更为显著[140]。Wang 等人则基于信息熵理论，建立了一个考虑记忆机制、一致性效应、主观倾向和个体信任的谣言传播模型，从而在一个更为现实的框架下来描述谣言传播的动力学过程[141]。

在谣言传播动力学研究中，目前大多数研究都是将谣言传播看成单一信息的扩散过程，却忽略了辟谣信息对谣言传播过程的影响。事实上，相关部门已经意识到在突发事件发生时，相关谣言在社交媒体中的快速扩散所带来的负面影响，因此往往会通过传播事实真相来对谣言进行澄清。除此之外，一些独立的事实核查网站，如 Snopes.com、Politifact.com 以及 Factcheck.org 等，则通过网民的协作来识别和验证潜在的谣言，并及时发布权威的辟谣信息[104]。由此可知，现有的谣言传播模型中，谣言未知者在获知谣言后，仅会以一定概率转变成为传播者的假设，与真实的谣言传播过程并不相符。此外，现有研究通常假设谣言是在一个封闭的系统中进行传播，即将社交媒体平台中的用户规模设定为一个常量。然而，正如前文所述，社交媒体是一个开放性的网络平台，随着新用户的注册和现有用户的注销，其用户数量会随着时间发生动态变化。因此，在构建谣言传播模型时，需要考虑社交媒体中用户的"迁入"和"迁出"等动态因素对谣言传播过程的影响。

为此，本章建立了一个基于社交媒体的突发事件谣言传播模型——ILRDS模型。该模型假设在突发事件发生时，谣言及相关辟谣信息会同时在社交媒体中进行传播，因此一个"谣言未知者"会通过接收到以上两种信息中的任何一种，而转变成为谣言的潜在传播者；接下来，在面对特定突发事件所具有的复杂心理因素的驱动下，潜在传播者会以一定的概率传播谣言或进行辟谣。此外，出于维护自身的正面形象等目的，谣言传播者在获知事实真相后，会以一定概率传播辟谣信息，从而转变成为辟谣者。与现有封闭系统假设下的谣言传播模型不同，本章假设谣言是在一个具有稳定的人口迁入率和迁出率的网络系统中进行传播，并探究了用户规模的动态变化对谣言传播过程的影响。

4.3　模型构建

4.3.1　用户状态转变过程

如前文所述，在突发事件发生、发展和演化的过程中，相关谣言的快速传播极易引发公众广泛性的焦虑和恐慌，因此为了维系正常的社会秩序，相关部门或涉事主体将竭力传播辟谣信息以缓解民众情绪。基于上述事实，本章假设某特定突发事件E会触发谣言r及相应的辟谣信息cr于社交媒体中同时传播，此时可将社交媒体表示为谣言传播系统s。本章将系统s中的全部用户划分为五类：无知者（Ignorants），即从未听说过谣言r和辟谣信息cr的用户；潜在者（Latents），即已经获知谣言r或辟谣信息cr，但由于无法立即判断信息的真实性，而暂未传播谣言或辟谣信息的用户；谣言传播者（Rumor-Spreaders），即相信并传播谣言r的用户；辟谣者（Debunkers），即相信并传播辟谣信息cr的用户；沉默者（Stiflers），已知r或cr，但是由于对突发事件E渐渐失去兴趣或个体遗忘机制，而停止传播行为的用户。N(t)表示谣言传播系统s在t时刻的用户总数，$I(t)$、$L(t)$、$R(t)$、$D(t)$和$S(t)$分别为t时刻系统s中的无知者、潜在者、谣言传播者、辟谣者和沉默者的用户数量，则：

$$N(t) = I(t) + L(t) + R(t) + D(t) + S(t) \tag{4-1}$$

此外，考虑到社交媒体具有的开放性及动态性特征，本章假设系统s具有可变的用户规模，即新注册用户会以速率ε进入无知用户组群$I(t)$，则ε被称为系统s的迁入率；系统s中的现有用户则以速率ρ分别从以上五类用户组群中迁出，则ρ被称为系统s的迁出率。基于以上假设，得到ILRDS谣言传播模型的状态转变过程，如图4-1所示。

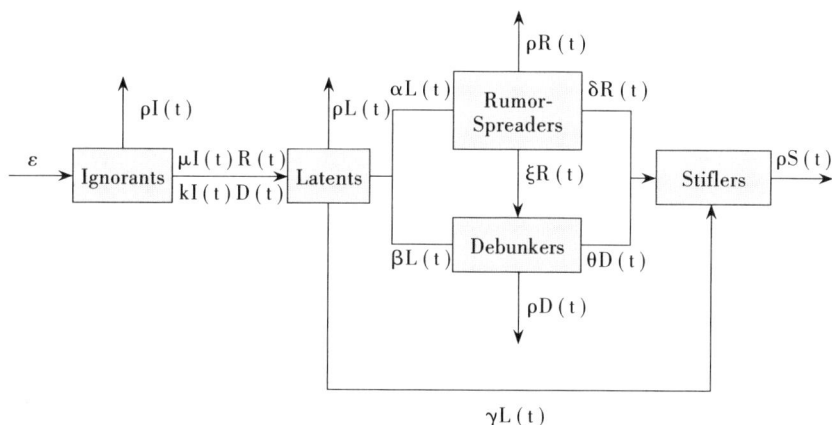

图4-1　五类用户群组的状态转变过程

因此，无知者、潜在者、谣言传播者、辟谣者和沉默者等五类用户群组的状态转变过程可描述如下：

（1）当一个无知者接触到谣言传播者时，无知者以概率μ转变为一个潜在者，μ被称为谣言接触率。

（2）当一个无知者接触到辟谣者时，无知者以概率k转变为一个潜在者，k被称为辟谣接触率。

如前文所述，突发事件发生时，社交媒体中会出现谣言和辟谣信息并存的情况。因此，社交媒体具有的高联通性，将会导致部分未知者可以同时接收到谣言及辟谣两类信息，进而转变成为潜在者。面对以上两类相互矛盾的信息，部分潜在者由于无法辨别信息的可信性，因此对于是否进行转发而犹豫不决；部分潜在者虽然可以对两类信息的真伪做出正确判断，但在个体情感倾向和心理诉求的作用下，仍有可能转发谣言信息[142]。例如，在2016年"山东非法疫苗事件"中，尽管在微博、微信等各类社交媒体中传播的某些夸大疫苗危害的谣言已经被权威部门辟谣，但是部分获知事实真相的用户仍然对谣言进行转发，以表达强烈的不满情绪和加强疫苗监管的心理诉求[143]。此外，突发事件触发的谣言往往以负面消息居多，而美国尼尔森公司发布的有关亚太各国网民转发习惯的报告称，在与同一事件相关的正面与负面信息同时传播的情况下，有六成多的中国网民更愿意分享负面评论；管理学中的"黑箱现象"也表明，大众由于猎奇心理，更热衷于传播负面消息；心理学家卡乔波也认为，人的大脑有个"负面偏好"机制，使得大脑对令人不快的消息更为敏感，并认为坏消息比好消息重要[144]。以上结论也正契合了一句俗语"好事不出门，坏事传千里"。例如，2011年"突尼斯总统被赶下台，军队已经夺取了国家政权"的谣言尽管已被证实为虚假信息，但仍然被网民迅速转发，从而对后来的突尼斯政变起到了推动作用。这是因为相对于事实真相，大部分民众对该谣言所陈述的事件更加期待。由此可知，在谣言与真相两种矛盾信息并存的情境下，复杂的社会及心理因素使得无知者在接触到谣言r或辟谣信息cr时，会分别产生相信谣言r、相信辟谣信息cr以及犹豫不决等三种不同态度。基于此，本章定义谣言传播率、辟谣率以及沉默率如下：

（1）部分潜在者以概率α对接收到的谣言r进行转发，从而转变成为谣言传播者，α被称为谣言传播率。

（2）部分潜在者以概率β对接收到的辟谣信息cr进行转发，从而转变成为辟谣者，β被称为辟谣率。

（3）部分潜在者由于对接收到的谣言及辟谣信息均不感兴趣，或因无法判断信息的真实性而对转发决定犹豫不决，因此虽然获知了谣言或者辟谣信息，但并不会产生转发行为。此种情况下，潜在者以概率γ转变成为系统s中的沉默者。

（4）由于绝大多数突发事件均具有"潜伏期—爆发期—蔓延期—恢复期"的阶段性演化规律，因此随着时间的推移，不管是传播者还是辟谣者，均会对突发事件 E、谣言 r 及辟谣信息 cr 逐渐失去兴趣，或者在个体遗忘机制作用下，渐渐遗忘相关信息[132]。因此，本章假设系统 s 中的传播者及辟谣者会分别以概率 δ 和概率 θ 转变成为沉默者，则 δ 和 θ 分别被称为谣言沉默率和辟谣沉默率。

（5）部分谣言传播者在收到来自辟谣者、政府权威部门或主流媒体的事实真相信息后，会意识到其发布的信息为虚假信息或错误言论。因此，为了获得社会认同感，并建立或维系正面、积极的个人形象，一部分谣言传播者会通过转发辟谣信息来纠正之前发布的不实信息。此时，谣言传播者以概率 ξ 转变成为辟谣者，ξ 被称为反转率。

4.3.2 基于 ILRDS 的谣言传播模型

根据上述谣言传播过程，本章建立了 ILRDS 谣言传播模型如下：

$$
\begin{cases}
\dfrac{dI(t)}{dt} = \varepsilon - \mu IR - kID - \rho I \\[2mm]
\dfrac{dL(t)}{dt} = \mu IR + kID - (\alpha + \beta + \gamma + \rho)L \\[2mm]
\dfrac{dR(t)}{dt} = \alpha L - (\delta + \xi + \rho)R \\[2mm]
\dfrac{dD(t)}{dt} = \beta L + \xi R - (\theta + \rho)D \\[2mm]
\dfrac{dS(t)}{dt} = \delta R + \theta D + \gamma L - \rho S
\end{cases}
\tag{4-2}
$$

由公式（4-1）可得：

$$
\frac{dN(t)}{dt} = \frac{dI(t)}{dt} + \frac{dL(t)}{dt} + \frac{dR(t)}{dt} + \frac{dD(t)}{dt} + \frac{dS(t)}{dt} = \varepsilon - \rho N
\tag{4-3}
$$

设 R_+^5 为五维空间 R^5 的非负锥及其各个低维平面，则可在如下可行域中对 ILRDS 模型进行分析：

$$
\Omega = \left\{ (I, L, R, D, S) \in R_+^5 : 0 \leqslant I + L + R + D + S \leqslant \frac{\varepsilon}{\rho} \right\}
\tag{4-4}
$$

可证 Ω 是关于公式（4-2）的正不变集，其在 R_+^5 中的内核和边界可分别记为 Ω^0 和 $\partial\Omega$。

首先，本节对公式（4-2）平衡点的存在性进行分析。由公式（4-2）可知，当潜在者数量 L(t) 和谣言传播者数量 R(t) 均为 0 时，系统 s 中出现谣言消亡平衡点；且无论公式（4-2）中各参数如何取值，系统 s 总存在一个谣言消亡平衡点 $\phi_0 = \left(\dfrac{\varepsilon}{\rho}, 0, 0, 0, 0\right)$。如果该系统存在一个谣言持续生存平衡点 $\phi^* = (I^*, L^*, R^*, D^*, S^*)$，则 $I^*, L^*, R^*, D^*, S^* > 0$。因此，为了获得谣言持续存在平衡点 $\phi^* = (I^*, L^*, R^*, D^*, S^*)$，本章设：

$$\begin{cases} \varepsilon - \mu IR - kID - \rho I = 0 \\ uIR + kID - (\alpha + \beta + \gamma + \rho)L = 0 \\ \alpha L - (\delta + \xi + \rho)R = 0 \\ \beta L + \xi R - (\theta + \rho)D = 0 \\ \delta R + \theta D + \gamma L - \rho S = 0 \end{cases} \tag{4-5}$$

由式（4-5）可以推导出：对于系统 s 唯一的平衡点 ϕ^*，存在

$$\begin{cases} I^* = \dfrac{(\alpha + \beta + \gamma + \rho)(\theta + \rho)(\xi + \delta + \rho)}{\mu \cdot \alpha \cdot (\theta + \rho) + (\xi + \delta + \rho) \cdot k \cdot \beta + \alpha \cdot \xi \cdot k} \\ L^* = \dfrac{\varepsilon - \rho I^*}{\alpha + \beta + \gamma + \rho} \\ R^* = \dfrac{\alpha L^*}{\xi + \delta + \rho} \\ D^* = \dfrac{\beta \cdot (\alpha + \xi + \rho) + \alpha \cdot \xi}{(\alpha + \xi + \rho) \cdot (\theta + \rho)} \cdot L^* \\ S^* = \dfrac{\delta R^* + \theta D^* + \gamma I^*}{\rho} \end{cases} \tag{4-6}$$

根据式（4-6），阈值参数 R_0（即基本再生数）可以定义为：

$$R_0 = \frac{\varepsilon}{\rho} \cdot \frac{1}{I^*} = \frac{\varepsilon \cdot \mu \cdot \alpha \cdot (\theta + \rho) + \varepsilon \cdot (\xi + \delta + \rho) \cdot k \cdot \beta + \alpha \cdot \xi \cdot k \cdot \varepsilon}{\rho \cdot (\alpha + \beta + \gamma + \rho)(\theta + \rho)(\xi + \delta + \rho)} \tag{4-7}$$

则由 R_0 可以确定系统 s 平衡点的个数：

①如果 $R_0 < 1$，系统 s 在 Ω 中仅存在唯一的谣言消亡平衡点 ϕ_0；

②如果 $R_0 > 1$，系统 s 在 Ω 中存在一个唯一的谣言持续存在平衡点 ϕ^*。

4.4 模型稳定性分析

4.4.1 谣言消亡平衡点的稳定性分析

本节对 ILRDS 谣言传播模型中谣言消亡平衡点的稳定性进行

分析。

1.谣言消亡平衡点的局部渐进稳定性

定理 1：如果 $R_0 < 1$，公式（4-2）中的谣言消亡平衡点 ϕ_0 是局部渐进稳定的。

证明：公式（4-2）在平衡点 $\phi_0 = (\dfrac{\varepsilon}{\rho}, 0, 0, 0, 0)$ 处的雅可比矩阵为：

$$J(\phi_0) = \begin{bmatrix} -\rho & 0 & -\dfrac{\mu\varepsilon}{\rho} & -\dfrac{k\varepsilon}{\rho} & 0 \\ 0 & -\alpha-\beta-\gamma-\rho & \dfrac{\mu\varepsilon}{\rho} & \dfrac{k\varepsilon}{\rho} & 0 \\ 0 & \alpha & -\delta-\xi-\rho & 0 & 0 \\ 0 & \beta & \xi & -\theta-\rho & 0 \\ 0 & \gamma & \delta & \theta & -\rho \end{bmatrix} \tag{4-8}$$

计算可得，$J(\phi_0)$ 具有三个负的特征值 $\lambda_1 = \lambda_2 = -\rho < 0$，$\lambda_3 = -\theta - \rho < 0$，且其余两个特征值 λ_4、λ_5 则是以下 2×2 矩阵的特征值：

$$\Gamma = \begin{bmatrix} -\alpha-\beta-\gamma-\rho & \dfrac{\mu\varepsilon}{\rho} \\ \alpha & -\delta-\xi-\rho \end{bmatrix} \tag{4-9}$$

Γ 的秩为：

$$tr(\Gamma) = -\alpha-\beta-\gamma-\delta-\xi-2\rho < 0 \tag{4-10}$$

Γ 的行列式为：

$$\det(\Gamma) = (\alpha+\beta+\gamma+\rho)(\delta+\xi+\rho) - \dfrac{\mu\varepsilon\alpha}{\rho} \tag{4-11}$$

根据 $R_0 < 1$ 的假设，可得：

$$\varepsilon\mu\alpha(\theta+\rho) + \varepsilon k\beta(\xi+\delta+\rho) + \alpha\xi\varepsilon < \rho(\alpha+\beta+\gamma+\rho)(\theta+\rho)(\xi+\delta+\rho) \tag{4-12}$$

则：

$$(\alpha+\beta+\gamma+\rho)(\xi+\delta+\rho) > \dfrac{\varepsilon\mu\alpha}{\rho} + \dfrac{\varepsilon k\beta(\xi+\delta+\rho)+\alpha\xi\varepsilon}{\rho(\theta+\rho)} \tag{4-13}$$

由式（4-10）和（4-13）可以推导出：

$$\det(\Gamma) > 0, \ if \ R_0 < 1 \tag{4-14}$$

由式（4-10）和（4-14）可得 $\lambda_4 < 0$，$\lambda_5 < 0$。因此，基于 Routh-Hurwitz 稳定判据可得结论[145]-[146]：如果 $R_0 < 1$，式（4-2）的谣言消亡

平衡点 ϕ_0 是局部渐进稳定的。故定理1得证。

2.谣言消亡平衡点的全局渐进稳定性

定理2：当 $R_0 \leqslant 1$ 时，系统 s 的谣言消亡平衡点 ϕ_0 在可行域 Ω 中是全局渐进稳定的；当 $R_0 > 1$ 时，ϕ_0 是不稳定的。

证明：本节利用 Lyapunov 函数来判别 ϕ_0 的全局渐进稳定性[147]。为此，构造一个李雅普诺夫函数如下：

$$\psi(L, R) = L + \frac{\alpha + \beta + \gamma + \rho}{\alpha} R \tag{4-15}$$

由式（4-2）和（4-15）可得：

$$\begin{aligned}\frac{d\psi}{dt} &= \mu IR + kID - (\alpha + \beta + \gamma + \rho)L + \frac{\alpha + \beta + \gamma + \rho}{\alpha}\left[\alpha L - (\delta + \xi + \rho)R\right] \\ &= (\mu R + kD)I - \frac{\alpha + \beta + \gamma + \rho}{\alpha}(\delta + \xi + \rho)\end{aligned} \tag{4-16}$$

由式（4-5）可得：

$$L^* = \frac{\delta + \xi + \rho}{\alpha}R^* \tag{4-17}$$

$$D^* = \frac{\beta L + \xi R}{\theta + \rho} = \frac{\beta(\alpha + \xi + \rho) + \xi}{\alpha(\theta + \rho)}R^* \tag{4-18}$$

基于式（4-16）、（4-17）、（4-18）可得：

$$\begin{aligned}\frac{d\psi}{dt} &= \mu IR + kIR\frac{\beta(\alpha + \beta + \rho) + \xi}{\theta + \rho} - \frac{(\alpha + \beta + \gamma + \rho)(\delta + \xi + \rho)}{\alpha}R \\ &= \left[\mu I + kI\frac{\beta(\alpha + \beta + \rho) + \xi}{\theta + \rho} - \frac{(\alpha + \beta + \gamma + \rho)(\delta + \xi + \rho)}{\alpha}\right]R \\ &= \left(\frac{R_0\rho I}{\varepsilon} - 1\right)\frac{(\alpha + \beta + \gamma + \rho)(\delta + \xi + \rho)}{\alpha}R\end{aligned} \tag{4-19}$$

由式（4-4）可知：

$$I \leqslant \frac{\varepsilon}{\rho} \tag{4-20}$$

由式（4-19）和（4-20）可以得到：

$$\frac{d\psi}{dt} \leqslant 0, \quad \text{if} \quad R_0 \leqslant 1 \tag{4-21}$$

并且 $\dfrac{d\psi}{dt} = 0 \Leftrightarrow R = 0$ 或 $R_0 = 1, I = \dfrac{\varepsilon}{\rho}$。因此，当 $R_0 \leqslant 1$ 时，单点集 $\{\phi_0\}$ 是 $\left\{(I, L, R, D, S) \text{ in}\Omega | \dfrac{d\psi}{dt} = 0\right\}$ 中的最大不变集。基于 LaSalle 不变性原理

（LaSalle's Invariance Principle），可以判定 ϕ_0 在 Ω 中是全局渐进稳定的[146]。故定理 2 得证。

4.4.2 谣言持续存在平衡点的稳定性分析

1.谣言持续存在平衡点的局部渐进稳定性

在本章构建的 ILRDS 谣言传播模型中，除了第 5 个方程以外，其余 4 个方程中均不存在变量 S，而由式（4-1）可知，S 的动力学变化过程可以由其余 4 个变量（I, L, R, D）来确定。因此，为了简化分析过程，本节将第 5 个方程从式（4-2）中移除，得到简化后的谣言传播模型，如式（4-22）所示。

$$\begin{cases} \dfrac{dI(t)}{dt} = \varepsilon - \mu IR - kID - \rho I \\[2mm] \dfrac{dL(t)}{dt} = \mu IR + kID - (\alpha + \beta + \gamma + \rho)L \\[2mm] \dfrac{dR(t)}{dt} = \alpha L - (\delta + \xi + \rho)R \\[2mm] \dfrac{dD(t)}{dt} = \beta L + \xi R - (\theta + \rho)D \end{cases} \tag{4-22}$$

接下来，在式（4-23）定义的可行域中对上述模型进行分析：

$$\Theta = \left\{ (I, L, R, D) \in \mathbb{R}_+^4 : 0 \leqslant I + L + R + D \leqslant \frac{\varepsilon}{\rho} \right\} \tag{4-23}$$

上式中，$\mathbb{R}_+^4$ 表示非负锥及其低维平面，且由式（4-22）可知，Θ 是正不变集。当 $R_0 > 1$ 时，式（4-22）存在一个正平衡点 (I^*, L^*, R^*, D^*)。为了分析式（4-22）的全局渐进稳定性，首先需要对 (I^*, L^*, R^*, D^*) 的局部渐近稳定性进行分析。

定理 3：当 $R_0 > 1$ 时，式（4-22）的谣言持续存在平衡点 (I^*, L^*, R^*, D^*) 在 Θ 中是局部渐进稳定的。

证明：首先计算式（4-22）在 (I^*, L^*, R^*, D^*) 处的雅可比矩阵，如下：

$$H = \begin{bmatrix} -(\mu R + kD + \rho) & 0 & -\mu I & -kI \\ \mu R + kD & -(\alpha + \beta + \gamma + \rho) & \mu I & kI \\ 0 & \alpha & -(\delta + \xi + \rho) & 0 \\ 0 & \beta & \xi & -(\theta + \rho) \end{bmatrix} \tag{4-24}$$

则可得H的秩为：

$$tr(H) = -(\mu R + kD + \rho) - (\alpha + \beta + \gamma + \rho) - (\delta + \xi + \rho) - (\theta + \rho) < 0 \qquad (4\text{-}25)$$

计算得H的行列式如下：

$$\begin{aligned}
\det(H) = &(\mu R + kD + \rho)[(\alpha + \beta + \gamma + \rho)(\alpha + \xi + \rho)(\theta + \rho) - \mu I\alpha(\theta + \rho) \\
&- kI\alpha\xi - kI\beta(\delta + \xi + \rho)] + \mu I\alpha(\theta + \rho)(\mu R + kD) + kI\alpha\xi(\mu R + kD) \\
&+ kI\beta(\mu R + kD)(\alpha + \xi + \rho)
\end{aligned}$$

由公式（4-6）可知：

$$(\alpha + \beta + \gamma + \rho)(\theta + \rho)(\xi + \delta + \rho) - \mu\alpha I(\theta + \rho) - Ik\beta(\xi + \delta + \rho) - \alpha k\xi I = 0$$

经推导可得：

$$\det(H) = \mu I\alpha(\theta + \rho)(\mu R + kD) + kI\alpha\xi(\mu R + kD) + kI\beta(\mu R + kD)(\alpha + \xi + \rho) > 0 \qquad (4\text{-}26)$$

由式（4-25）和（4-26）可知，当 $R_0 > 1$ 时，雅可比矩阵H的每一个特征值都仅有负实部，则根据 Routh-Hurwitz 判据，定理3得证。

2.谣言持续存在平衡点的全局渐进稳定性

定理4：当 $R_0 > 1$ 时，式（4-22）的谣言持续存在平衡点 (I^*, L^*, R^*, D^*) 在 Θ^0 中是全局渐进稳定的。

证明：为了简化证明过程，本节设 $\mu_1 = \dfrac{\mu}{\rho}$，$k_1 = \dfrac{k}{\rho}$，$\alpha_1 = \dfrac{\alpha}{\rho}$，$\beta_1 = \dfrac{\beta}{\rho}$，$\gamma_1 = \dfrac{\gamma}{\rho}$，$\delta_1 = \dfrac{\delta}{\rho}$，$\xi_1 = \dfrac{\xi}{\rho}$，$\theta_1 = \dfrac{\theta}{\rho}$，$I_1 = \dfrac{I}{\rho}$，$L_1 = \dfrac{L}{\rho}$，$R_1 = \dfrac{R}{\rho}$，$D_1 = \dfrac{D}{\rho}$，$S_1 = \dfrac{S}{\rho}$，$g = \rho t$，$\tau = \dfrac{\varepsilon}{\rho}$，则式（4-22）可改写为：

$$\begin{cases}
\dfrac{dI_1(t)}{dg} = 1 - \mu_1 I_1 R_1 \tau - k_1 I_1 D_1 \tau - I_1 \\[2mm]
\dfrac{dL_1(t)}{dg} = \mu_1 I_1 R_1 \tau + k_1 I_1 D_1 \tau - (\alpha_1 + \beta_1 + \gamma_1 + 1)L_1 \\[2mm]
\dfrac{dR_1(t)}{dg} = \alpha_1 L_1 - (\delta_1 + \xi_1 + 1)R_1 \\[2mm]
\dfrac{dD_1(t)}{dg} = \beta_1 L_1 + \xi_1 S_1 - (\theta_1 + 1)D_1
\end{cases} \qquad (4\text{-}27)$$

为了分析式（4-22）的稳定性，本节构建一个对角矩阵 $P = diag(R_1, L_1, L_1, L_1, L_1, L_1)$，并可以推导出P在 Θ^0 内部是 C^1（即微分连续）

且非奇异，则可得：

$$P_f P^{-1} = \operatorname{diag}\left(\frac{R'_1}{R_1}, \frac{L'_1}{L_1}, \frac{L'_1}{L_1}, \frac{L'_1}{L_1}, \frac{L'_1}{L_1}\right) \tag{4-28}$$

其中，f 表示式（4-27）的向量域。计算得到式（4-27）的雅可比矩阵，如式（4-29）所示：

$$J = \begin{bmatrix} -(\mu_1 R_1 \tau + k_1 D_1 \tau + 1) & 0 & -\mu_1 I_1 \tau & -k_1 I_1 \tau \\ \mu_1 R_1 \tau + k_1 D_1 \tau & -(\alpha_1 + \beta_1 + \gamma_1 + 1) & \mu_1 I_1 \tau & k_1 I_1 \tau \\ 0 & \alpha_1 & -(\delta_1 + \xi_1 + 1) & 0 \\ 0 & \beta_1 & \xi_1 & -(\theta_1 + 1) \end{bmatrix} \tag{4-29}$$

J 的第二复合矩阵 $J^{[2]}(\phi^*)$[148] 为：

$$J^{[2]}(\phi^*) = \begin{bmatrix} w_1 & \mu_1 I_1 \tau & k_1 I_1 \tau & \mu_1 I_1 \tau & k_1 I_1 \tau & 0 \\ \alpha_1 & w_2 & 0 & 0 & 0 & k_1 I_1 \tau \\ \beta_1 & \xi_1 & w_3 & 0 & 0 & -\mu_1 I_1 \tau \\ 0 & w_7 & 0 & w_5 & 0 & -k_1 I_1 \tau \\ 0 & 0 & w_7 & \xi_1 & w_6 & \mu_1 I_1 \tau \\ 0 & 0 & 0 & -\beta_1 & \alpha_1 & w_4 \end{bmatrix} \tag{4-30}$$

其中：

$$w_1 = -\mu_1 R_1 \tau - k_1 D_1 \tau - \alpha_1 - \beta_1 - \gamma_1 - 2$$

$$w_2 = -\mu_1 R_1 \tau - k_1 D_1 \tau - \delta_1 - \xi_1 - 2$$

$$w_3 = -\mu_1 R_1 \tau - k_1 D_1 \tau - \theta_1 - 2$$

$$w_4 = -\delta_1 - \xi_1 - \theta_1 - 2$$

$$w_5 = -\alpha_1 - \beta_1 - \gamma_1 - \delta_1 - \xi_1 - 2$$

$$w_6 = -\alpha_1 - \beta_1 - \gamma_1 - \theta_1 - 2$$

$$w_7 = \mu_1 R_1 \tau + k_1 D_1 \tau$$

构建 $B = P_f P^{-1} + P J^{[2]} P^{-1}$ 为如下形式：

$$B = \begin{pmatrix} B_{11} & B_{12} \\ B_{21} & B_{22} \end{pmatrix} \tag{4-31}$$

其中：

$$B_{11} = \frac{R'_1}{R_1} - \mu_1 R_1 \tau - k_1 D_1 \tau - \alpha_1 - \beta_1 - \gamma_1 - 2$$

$$B_{12} = \left(\frac{\mu_1 I_1 \tau R_1}{L_1} \quad \frac{k_1 I_1 \tau R_1}{L_1} \quad \frac{\mu_1 I_1 \tau R_1}{L_1} \quad \frac{k_1 I_1 \tau R_1}{L_1} \quad 0 \right)$$

$$B_{21} = \left(\frac{\alpha_1 L_1}{R_1} \quad \frac{\beta_1 L_1}{R_1} \quad 0 \quad 0 \quad 0 \right)^{\mathrm{T}}$$

$$B_{22} = \begin{bmatrix} \dfrac{L'_1}{L_1}+w_2 & 0 & 0 & 0 & k_1I_1\tau \\ \xi_1 & \dfrac{L'_1}{L_1}+w_3 & 0 & 0 & -\mu_1I_1\tau \\ w_7 & 0 & \dfrac{L'_1}{L_1}+w_5 & 0 & -k_1I_1\tau \\ 0 & w_7 & \xi_1 & \dfrac{L'_1}{L_1}+w_6 & \mu_1I_1\tau \\ 0 & 0 & -\beta_1 & \alpha_1 & \dfrac{L'_1}{L_1}+w_4 \end{bmatrix} \tag{4-32}$$

设 X 为 R^5 中的一个向量，x_i 为 X 的第 i 个分量，则 X 的向量范数可以定义为：

$$|X| = \max\{|x_1|+|x_2|,\ |x_3|+|x_4|+|x_5|\} \tag{4-33}$$

设 σ 是对应于范数 |X| 的 Lozinskii 度量，则：

$$\sigma(B) \leq \sup\{\omega_1, \omega_2\} \tag{4-34}$$

其中：

$$\begin{aligned}\omega_1 &= \sigma_1(B_{11}) + |B_{12}| \\ \omega_2 &= |B_{21}| + \sigma_1(B_{22})\end{aligned} \tag{4-35}$$

上式中 σ_1 为对应于 L_1 范数的 Lozinskii 度量，则：

$$\begin{aligned}\sigma_1(B_{11}) &= \dfrac{R'_1}{R_1} - \mu_1R_1\tau - k_1D_1\tau - \alpha_1 - \beta_1 - \gamma_1 - 2 \\ |B_{12}| &= \dfrac{\mu_1I_1\tau R_1}{L_1} + \dfrac{k_1I_1\tau R_1}{L_1} \\ |B_{21}| &= \dfrac{\alpha_1L_1}{R_1} + \dfrac{\beta_1L_1}{R_1} \\ \sigma_1(B_{22}) &= \dfrac{L'_1}{L_1} - \dfrac{\beta_1L_1}{R_1} - 2 - \min(\theta_1, \delta_1)\end{aligned} \tag{4-36}$$

由式（4-27）和（4-36）可得：

$$\begin{aligned}\omega_1 &= \sigma_1(B_{11}) + |B_{12}| \\ &= \dfrac{R'_1}{R_1} - \mu_1R_1\tau - k_1D_1\tau - \alpha_1 - \beta_1 - \gamma_1 - 2 + \dfrac{\mu_1I_1\tau R_1}{L_1} + \dfrac{k_1I_1\tau R_1}{L_1} \\ &= \dfrac{R'_1}{R_1} + \dfrac{L'_1}{L_1} - 1 - \mu_1R_1\tau - k_1D_1\tau\end{aligned} \tag{4-37}$$

$$\begin{aligned}\omega_2 &= |B_{21}| + \sigma_1(B_{22}) = \dfrac{\alpha_1L_1}{R_1} + \dfrac{\beta_1L_1}{R_1} + \dfrac{L'_1}{L_1} - \dfrac{\beta_1L_1}{R_1} - 2 - \min(\theta_1, \delta_1) \\ &= \dfrac{R'_1}{R_1} + \dfrac{L'_1}{L_1} - 1 + \xi_1 + \delta_1 - \min(\theta_1, \delta_1) \leq \dfrac{R'_1}{R_1} + \dfrac{L'_1}{L_1} - 1 + \xi_1\end{aligned}$$

根据式（4-34）和（4-37）可得：

$$\sigma(B) \leq \sup\{\omega_1, \omega_2\} = \frac{R'_1}{R_1} + \frac{L'_1}{L_1} - 1 + \xi_1 + \delta_1 - \min(\theta_1, \delta_1) \qquad (4\text{-}38)$$

设 $\chi = 1 - \xi_1 - \delta_1 + \min(\theta_1, \delta_1) \geq 0$，则 $\sigma(B) \leq \frac{R'_1}{R_1} + \frac{L'_1}{L_1} - \chi$。对于式（4-27）的每个解 (I_1, L_1, S_1, R_1)，如 $(I_1(0), L_1(0), S_1(0), R_1(0)) \in \Theta$，可得如下吸收集：

$$\frac{1}{t}\int_0^t \sigma(B)ds \leq \frac{1}{t}\int_0^t \left(\frac{R'_1}{R_1} + \frac{L'_1}{L_1} - \chi\right)ds = \frac{1}{t}\ln\frac{R_1(t)}{R_1(0)} + \frac{1}{t}\ln\frac{L_1(t)}{L_1(0)} - \chi \qquad (4\text{-}39)$$

由式（4-39）可得 $\lim\limits_{t\to\infty}\sup \sup_{\varrho_0 \in \Theta}\frac{1}{t}\int_0^t \sigma(B(\varrho(s, \varrho_0)))ds \leq -\frac{\chi}{2} < 0$，则根据文献[149]中的定理 3.5，可以推导出式（4-27）的正平衡点 $(I_1^*, L_1^*, R_1^*, D_1^*)$ 是全局渐进稳定的。由于式（4-22）可以等价为式（4-27），因此可以判定式（4-22）的正平衡点也是全局渐进稳定的，且 S^* 可以由式（4-1）和 (I^*, L^*, R^*, D^*) 来确定，因此 $(I^*, L^*, R^*, D^*, S^*)$ 也是全局渐进稳定的[150]。

4.5 数值仿真及结果讨论

本章建立了一个 ILRDS 模型来描述突发事件背景下社交媒体中的谣言传播动力学过程，并对该谣言传播模型的稳定性进行了深入分析。分析结果表明，阈值参数 R_0 可以完全确定该模型的动力学特性，即如果 $R_0 < 1$，谣言消亡平衡点 ϕ_0 在可行域 Ω 中具有全局渐进稳定性；如果 $R_0 > 1$，则谣言持续存在平衡点在 Θ^0 中具有全局渐进稳定性。

4.5.1 模型仿真结果

为了验证以上分析结果，本节对 ILRDS 模型进行数值仿真，并进一步探讨控制社交媒体中谣言扩散的不同管理策略。假设传播初始时刻，系统 s 中的用户总数为 10 000，此时 s 中仅存在一个初始谣言传播节点，而 s 中其余节点均处于无知状态，即 $t = t_0$ 时，$N(0) = 10\,000$，$R(0) = 1$，

I(0)=9 999，L(0)=0，D(0)=0，S(0)=0。ILRDS模型的数值仿真结果如图4-2和图4-3所示，可见仿真结果与定理2和定理4给出的理论分析结果一致。

1.$R_0 < 1$时，五类用户群体的数量随时间的变化关系

图4-2为$R_0 < 1$时，五类用户群体的数量随时间的变化关系。由图4-2可知，在整个谣言传播过程中，无知组群用户数量从初始时刻开始保持持续下降的趋势，并最终降至0；潜在者在传播初期呈不断上升态势，达到峰值后，逐渐下降至0；谣言传播者、辟谣者以及沉默者的数量变化与潜在者的变化趋势基本一致，即对于$R_0 < 1$，当系统达到稳态时，谣言将最终在网络中消亡。从图4-2也可以看出，相比于谣言传播者、辟谣者以及沉默者，潜在者的上升和下降过程表现得更为剧烈。

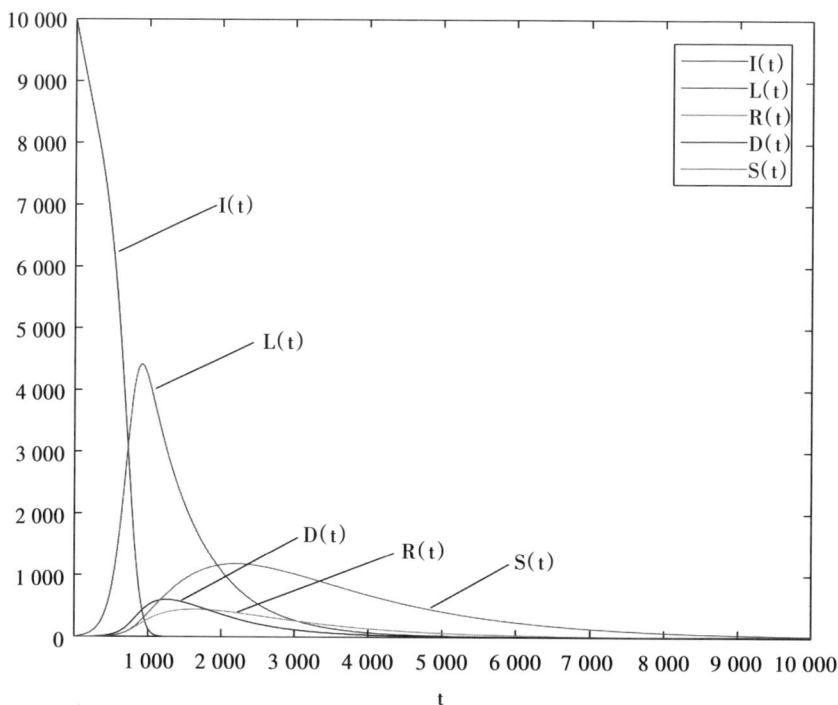

图4-2 $R_0 < 1$时，五类用户组群规模随时间的变化关系

（ε=0.01，ρ=0.0006，μ=0.00002，k=0.00002，α=0.0002，β=0.0005，θ=0.002，δ=0.0001，γ=0.0001，ξ=0.0001，R_0=0.1076<1）

2.$R_0>1$时，五类用户群体的数量随时间的变化关系

图4-3为$R_0>1$时，五类用户群体的数量随时间的变化关系。由图4-3可知，在系统s的迁入率$\varepsilon=10$时，未知者的数量在传播初期迅速达到峰值，之后降至一个非0底值，并渐渐达到稳态；在整个传播过程中，免疫者的数量呈现持续上升的态势，并最终达到稳态；潜在者、谣言传播者及辟谣者的数量则具有相似的传播趋势，即在传播初始阶段持续上升，之后达到各自峰值，最后下降至一个稳定状态，但是潜在者的变化趋势更为剧烈一些。通过与图4-2进行对比可知，图4-3中五类用户组群规模最终分别稳定在一个非0值，即对于$R_0>1$，当系统演化达到稳定状态时，谣言将在系统中持续存在，而并未消亡。

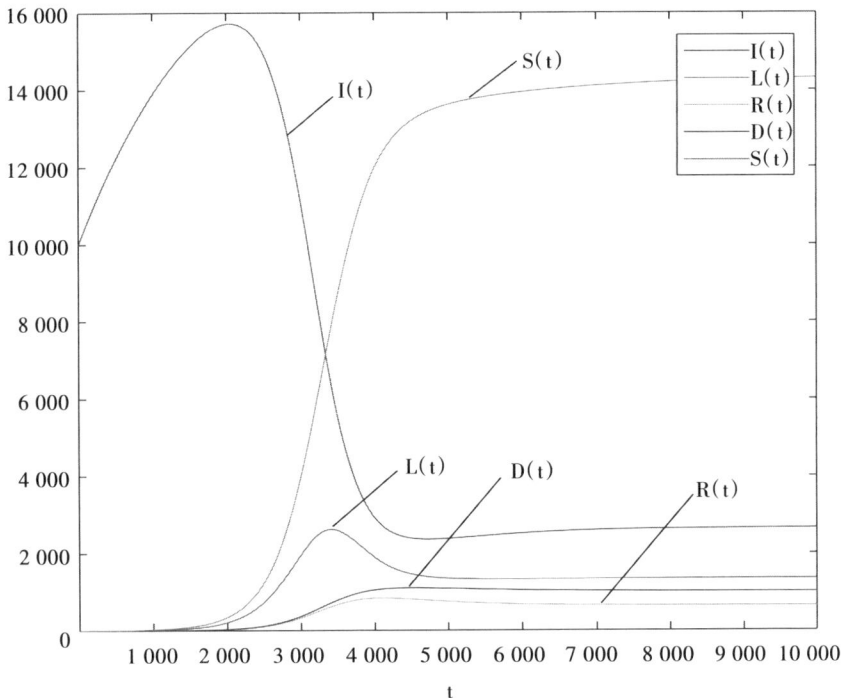

图4-3　$R_0>1$时，五类用户组群规模随时间的变化关系

（$\varepsilon=10$，$\rho=0.0006$，$\mu=0.00002$，k=0.00002，$\alpha=0.0005$，$\beta=0.0005$，$\theta=0.0002$，$\delta=0.0005$，$\gamma=0.0005$，$\xi=0.00005$，$R_0=7.5353>1$）

由图4-2和图4-3可知，与现有的谣言传播模型相比，尽管在ILRDS中引入了辟谣状态，但是谣言传播过程仍然具有"上升—峰值—下降"的三阶段演化规律，且当 $R_0 < 1$ 时，谣言将最终在网络中消亡（如图4-2所示），否则谣言将以一定的数量在网络中持续生存（如图4-3所示）。

4.5.2　不同参数变化对谣言传播过程的影响

1.接触率 μ 对谣言传播过程的影响

图4-4描述了谣言接触率 μ 取不同值时，谣言传播者的数量 $R(t)$ 随时间的变化趋势。由图4-4可知， $R(t)$ 随着 μ 取值的增大而增加。这是因为 μ 的增大会使未知者有更多的机会获知谣言，即一定程度上增加了用户"暴露"于谣言的风险。此外，当 μ 由0.0001提高至0.008时，谣言传播者数量呈现出一个较大幅度的增长，而当 $\mu > 0.008$ 时，谣言传播者数量的变化并不明显。这是因为随着 μ 值的增大，网络中会有更多的用户接触到谣言，这将导致谣言传播者数量的增加，从而使得系统s中某个无知状态下的用户节点，其邻居节点中谣言传播者的数量增加；而当 μ 值逐渐增大到0.008时，该节点的大多数邻居节点都已经转变成为谣言传播者，即谣言对个体的影响已经渐渐达到饱和。由以上分析可知，尽管并非网络中所有用户节点之间都具有较强的社会关系，但是由于社交媒体的高连通性，一旦 μ 值提升到某个特定值，谣言便会在网络中快速传播并达到峰值。基于此，相关部门有必要建立一个基于社交媒体平台的谣言监控和预警系统，一旦检测到谣言在短时间内呈现快速传播的态势，则需要采用科学合理的谣言隔离或阻断策略，从一定程度上减少用户与谣言的接触机会，即降低谣言接触率 μ ，从而避免突发事件中谣言泛滥现象的发生。

值得注意的是，辟谣接触率k与谣言接触率 μ 对谣言传播过程具有相似的影响。可能的原因是由于 μ 或k的增大，更多的无知者有机会接触到谣言内容，进而转变成为潜在者，而如4.2节所讨论的，获知谣言的潜在者往往会在心理诉求、情感释放等复杂的心理因素影响

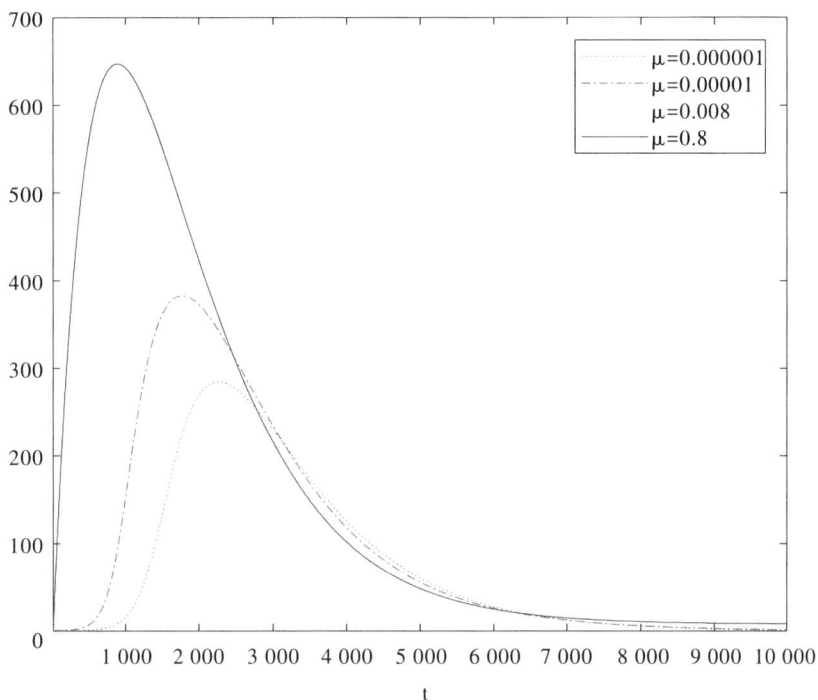

图4-4　谣言接触率μ取不同值时，谣言传播者的数量R(t)随时间的变化趋势

（ε=0.02，ρ=0.0006，k=0.00002，α=0.0002，β=0.0005，θ=0.002，δ=0.0002，γ=0.0001，ξ=0.0001）

下，即使已经明确获知事实真相，仍然对谣言进行转发，从而导致传播者数量的增加。

2.反转率ξ对谣言传播过程的影响

图4-5为反转率ξ取不同值时，谣言传播者数量随时间的变化曲线。由图4-5可知，谣言传播者的数量R(t)随着ξ的增大而减少，且当ξ提高到0.1时，R(t)减小最为显著。此外，与谣言接触率μ相比，反转率ξ的提升，不仅使系统s存在更少的谣言传播者，而且使谣言传播过程更快达到稳定状态（谣言消亡或弱持续存在）。很显然，随着ξ的增大，更多的谣言传播者会转变成辟谣者，这将直接导致谣言传播者数量的减少，进而降低了无知者接触谣言的风险。基于以上仿真结果，相关部门可以采取如下策略对谣言传播过程进行控制：①当突发事件发生时，及

时发布与该事件有关的权威信息，以尽快澄清谣言，从而一方面使举棋不定的潜在者从"迷惑不解"变得"豁然开朗"，另一方面使谣言传播者及时从谣言中"幡然醒悟"；②采取适当的激励措施，鼓励"醒悟"后的谣言传播者通过发布事实真相来对其之前转发的谣言进行辟谣，即提高反转率 ξ。

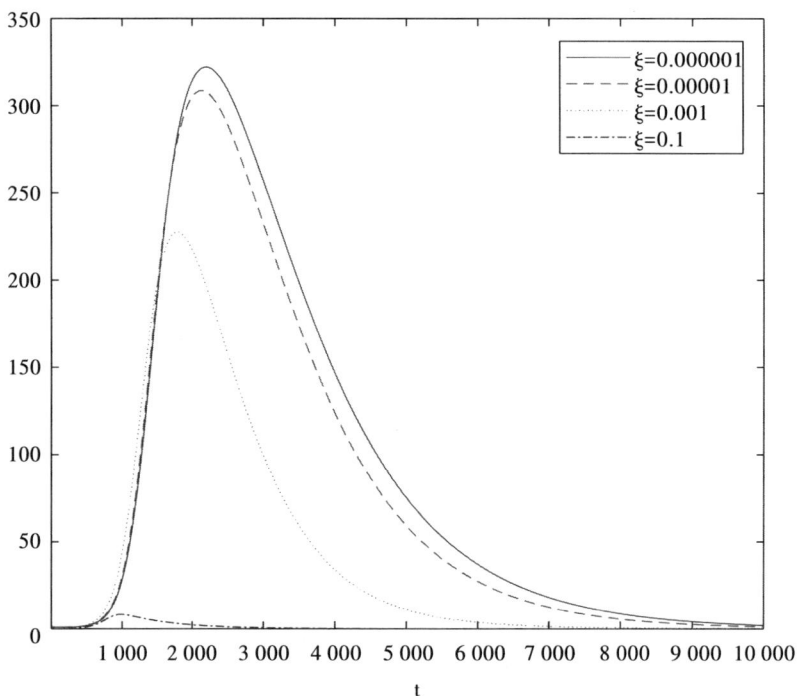

图 4-5 反转率 ξ 取不同值时，谣言传播者的数量 R(t) 随时间的变化趋势

（ε=0.02，ρ=0.0006，μ=0.00002，k=0.00002，α=0.0002，β=0.0005，θ=0.002，δ=0.0002，γ=0.0001）

3. 沉默率 δ 对谣言传播过程的影响

图 4-6 为谣言沉默率 δ 取不同值时，谣言传播者数量随时间的变化曲线。由图 4-6 可知，δ 取值越大，系统 s 中的谣言传播者数量越少。从图中可以看出，当 δ 的值从 0.001 提高到 0.01 时，R(t) 的数量出现了一个显著的降幅，这是因为随着 δ 的增大，更多的谣言传播者会停止传播谣言，从而转变成为沉默者，这从某种程度上减少了无知者在系统 s 中接触谣言的机会。如 4.2 节所述，谣言沉默率 δ 的提升主要依赖于用

户自身的遗忘机制以及对谣言的兴趣程度，而该兴趣程度往往与突发事件的属性和影响力、谣言内容，以及个体的心理特征等因素有关。此外，谣言传播者感知到的外部压力也是影响沉默率δ的一个重要因素，如个体为了维系社交网络中正面形象及获得社会认同的心理需求，以及相关部门或社交媒体平台对于谣言传播者施加的惩罚力度等，均会提升传播者的外部压力。基于上述分析，相关部门应该密切关注涉及公众健康及生命安全的突发事件，如突发公共卫生事件、突发灾难性事件、恐怖袭击事件，以及体现强烈民生诉求的突发群体性事件等影响力较大的突发事件。当上述事件发生时，相关部门及媒体平台应该采取有效措施引导公众舆论，通过营造一个积极正向的网络氛围来增加谣言传播者的道德压力。此外，可以对谣言传播者施加适当的惩罚措施，以提升谣言沉默率。

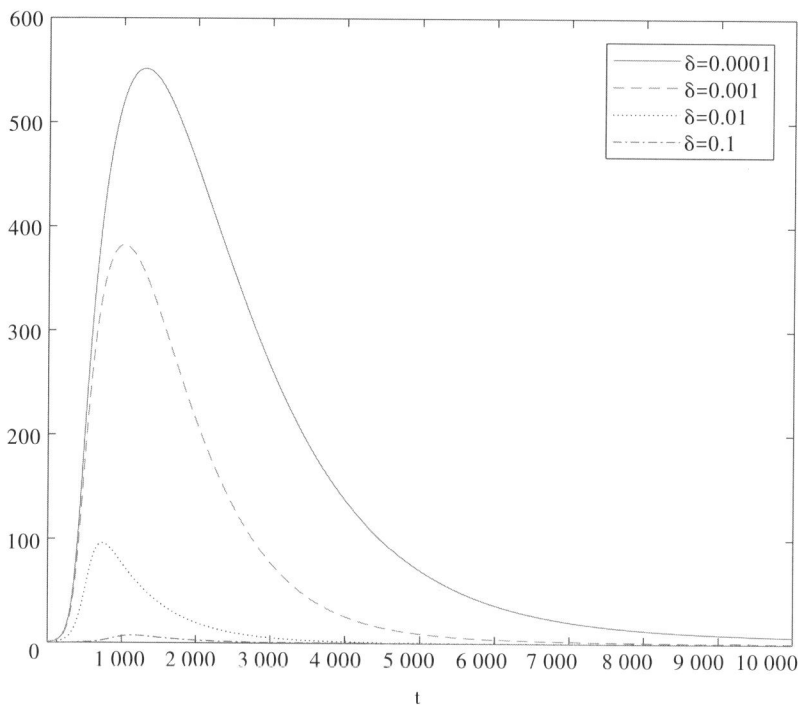

图 4-6　谣言沉默率 δ 取不同值时，谣言传播者的数量 R(t) 随时间的变化趋势

（$\varepsilon=0.05$，　$\rho=0.0006$，　$\mu=0.00001$，　$k=0.00002$，　$\alpha=0.0002$，　$\beta=0.0005$，　$\theta=0.002$，　$\xi=0.0001$，　$\gamma=0.0001$）

4.传播率α和辟谣率β对谣言传播过程的影响

图4-7和图4-8分别描述了当谣言传播率α和辟谣率β取不同值时，谣言传播者数量R(t)随时间的变化关系。由图4-7和图4-8可以看出，谣言传播率α的值越大，或辟谣率β的值越小，系统s中就出现更多的谣言传播者，该规律与我们对谣言传播过程的直观理解一致。值得注意的是，当α值从0.001提高至0.01，或β值由0.01下降至0.001时，谣言传播者数量R(t)呈现出一个较大幅度的增加。一个可能的解释是α值的增大或β值的减小，使得系统s中更多的潜在者转变成了谣言传播者，从而使得无知者有更多的机会接触到谣言。根据以上仿真结果，相关机构或社交网络平台可以通过采取有效的激励措施，鼓励更多的潜在者去传播辟谣信息而非谣言，从而减小谣言传播率α，提升辟谣率β。

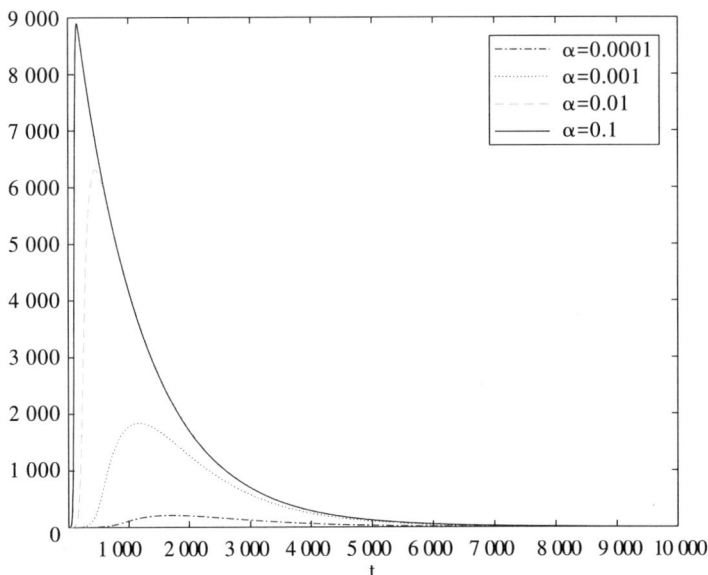

图4-7　谣言传播率α取不同值时，谣言传播者数量R(t)随时间的变化关系

（ε=0.01，ρ=0.0006，μ=0.00002，k=0.00002，β=0.0005，θ=0.002，ξ=0.0001，δ=0.0002，γ=0.0001）

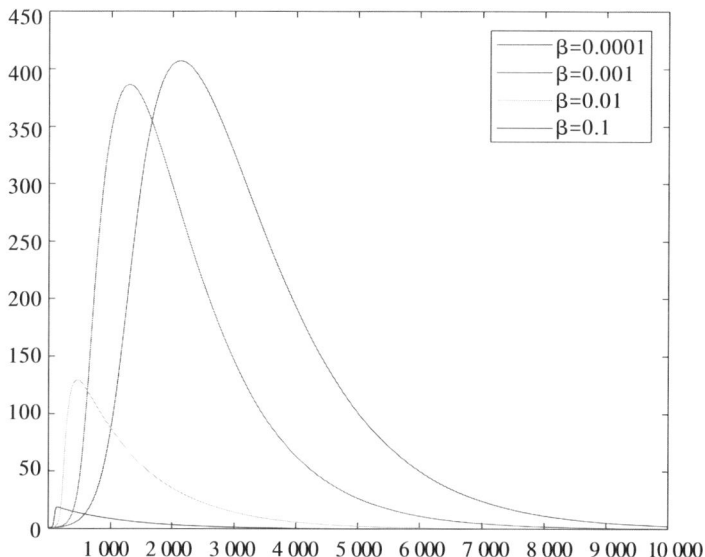

图 4-8 辟谣率 β 取不同值时，谣言传播者数量 R(t) 随时间的变化关系

（ε=0.01，ρ=0.0006，μ=0.00002，k=0.00002，α=0.0002，θ=0.002，ξ=0.0001，δ=0.0002，γ=0.0001）

　　如 4.2 节所讨论的，对于某特定突发事件，个体复杂的心理和情感因素会导致潜在者做出不同的转发决策。因此，本章所建立的谣言传播模型假设：潜在者在面对谣言时，被认为会产生三种不同的态度：相信谣言、相信辟谣信息或者犹豫不决。现有研究也表明，辟谣信息的权威性和可信性是影响个体谣言转发行为的一个关键因素[151]。基于上述分析，相关部门需要深入分析突发事件演化过程中公众的情感倾向和心理诉求，进而制定出更具针对性、更加有效的辟谣策略，使潜在者在面对谣言和辟谣两种相互矛盾的信息时更倾向于转发辟谣信息。

4.6　本章小结

　　为了描述突发事件背景下社交媒体中的谣言传播动力学过程，本章提出了一个考虑辟谣行为及可变用户规模的谣言传播模型——ILRDS 模型，并基于 Lyapunov 稳定性理论和 Poincarè-Bendixson 定理，进一步分析了模型的动力学特性。理论分析表明，ILRDS 模型的动力学特性取决

于其阈值参数 R_0：当 $R_0 < 1$ 时，谣言消亡平衡点在可行域内是全局渐进稳定的，意味着谣言将最终在网络中消失；当 $R_0 > 1$ 时，谣言持续存在平衡点在相应的稳定域内是全局渐进稳定的，意味着谣言最终会以一定的数量在网络中持续存在，即保持弱持续生存。

为了验证以上理论分析的结论，本章对 ILRDS 模型进行了实验仿真，并进一步给出了突发事件背景下遏制社交媒体中谣言扩散的策略建议。仿真结果表明，相关部门可分别从技术、危机管理和个体行为三个途径对谣言传播进行控制。在技术层面上，有效的阻断策略可以降低用户与谣言接触的风险；一个基于权威信息，并且具有较强针对性的辟谣策略，可以"唤醒"因同时面对两种矛盾信息而处于困惑中的用户；此外，有必要建立一个谣言检测及预警系统，及时发现谣言快速蔓延的端倪，从而使相关机构能够快速对谣言做出反应。在危机管理层面上，相关部门应该密切关注与公众健康及生命安全、强烈的民生诉求等相关的突发事件，并尽全力营造一个正向积极的网络氛围。在个体行为层面，一方面可以适当对谣言传播者施加道德压力和惩罚措施；另一方面可以采取一定的激励策略，鼓励已经"醒悟"的谣言传播者重新发布事实真相信息，以对其曾发布的不实信息进行辟谣。

本章的研究结论为社交媒体中谣言传播动力学研究提供了一些新的见解，且对于遏制突发事件背景下的谣言扩散具有十分重要的现实意义。在未来的研究中，将进一步探讨情感倾向、心理诉求以及传播动机等个体心理及行为因素对谣言传播动力学过程的影响。

第 5 章　社会热点事件中社交媒体用户传播行为

5.1　引言

由于 Web 2.0 技术的快速发展与普及，社交媒体成为突发事件舆情的第一引发点和民众讨论的聚集点。事件发生时，通过官方媒体报道或群众在线爆料，通常在几个小时之内，事件会因为用户的转发、点赞、评论等行为引起广泛关注，并且导致网络舆情的形成。在事件发生、发展和演化的过程中，网络舆情也会随之发生变化。例如，在 2018 年 10 月 28 日的重庆公交车坠江事件中，事件的每一次进展都会引起网友新一轮的热议。但是，在事件真相公布或是部分网友未完全了解真相之前，网民的传播行为可能会给事态的发展演化带来负面影响，甚至引发舆论危机。例如，在 2019 年 2 月全国各地陆续爆出的非洲猪瘟事件中，一些夸大疫情的言论在社交媒体中大肆传播，并引发了民众对疫情发展的恐慌，从而影响了社会的和谐与稳定。

虽然因为社交媒体信息发布的时效性、交互性，用户可以快速地获取信息并传播、评论，但是现在的社交媒体及其监管机制还未完全发展成熟，网络热议让社交媒体成为社会热点事件的放大镜甚至是变形镜。在某些情况下，社交媒体用户的传播行为会影响事件发生后的舆论走向。当正面信息较多时，事件大多会有较好的处理结果；而当负面信息和非理性信息较多时，事件的发展会不受控制，尤其是在引起民众广泛关注的突发公共类事件中，负面信息的传播往往会引发民众群体性的恐慌，从而不利于社会的和谐与稳定。针对上述背景，本章通过理论剖析和实证分析，探究社交媒体用户的社会热点事件传播行为，了解相关的影响因素，最终在此基础上提出网络舆论监管的建议。在理论意义上，本章探讨了三种不同类型事件环境下社交媒体用户传播行为的差异，从一定程度上弥补了现有研究的空缺；在现实意义上，本章最后得出的分析结果为相关部门针对不同类型社会热点事件制定有效的网络舆论疏导策略提供了一定的理论基础。

5.2 相关研究

社会热点事件是指在一段时间内引起民众的广泛关注并积极参与讨论、传播，会激起较强烈响应的社会事件。最初的社会热点事件大多指的是社会公共类事件，但发展到现在，所涉及的范围愈加广泛，包括司法、自然、科技、人物、体育、民生、娱乐等领域。本章根据现有文献，将社会热点事件分为三类：第一类为突发公共事件[101]，如自然灾害、交通事故、恐怖袭击、经济危机、食品安全等；第二类为政治司法事件[152]，如两会召开、国庆阅兵、贪污反腐等；第三类为文化事件，如电影上映、奥运会举办等。众所周知，社交媒体具有时效性、大众性、交互性、匿名性等特点，使得社会热点事件舆情能够更加快速传播的同时，极易引发群众的高度关注和广泛讨论。社交媒体用户传播行为是指借助于社交媒体平台，用户通过发送、转发、评论、关注、点赞等方式，发布、获取和分享信息，以此来满足信息需求并实现信息共享[153]。在社交媒体中，用户不仅仅是信息的受众，也是信息的发布者，而社交媒体用户之间的关系网络，使得社交媒体中的信息传播呈现四处扩散和往复循环的模式。用户之间社交网络的存在，很容易让信息从某关系群体流向另一关系群体，使得接收到信息的用户数量远远超过发布者的数量。因此，用户的传播行为已经引起国内外大量学者的关注[154]。

目前，国内学者对于社会热点事件舆情传播研究可分为两类：一类是以具体的社会热点事件作为案例，进行相关研究，如以"小悦悦事件"为例，监测事件发生后一个月内的微博舆论的发展和演化过程，从而分析微博中舆论的形成机制；另一类是探究社交媒体对于社会热点事件的影响，如基于社会学、传播学、管理学的相关理论，对社交媒体中热点事件传播的影响因素进行全面深入的分析。在针对用户传播行为的研究中，李云华通过分析热点事件中微博用户的行为来对用户进行聚类分析，结果表明，不同类型的用户对于热点事件传播的作用不同[153]；Xie 等人则基于实证研究方法，分析了社交媒体中突发公共事件用户传播行为的影响因素[101]。

国外学者对于社会热点事件传播行为的研究大多集中于政治分享问题。研究表明，国外的社交媒体平台，如Twitter、Facebook等，已经成为改变政治结构的强大推动者，大约五分之一的社交媒体用户会因为在社交媒体上看到的某些信息而改变其对某些政治问题的观点和看法[152]。国外的领导人或者政府也常常通过Twitter、Facebook等社交媒体对时事发表意见，以影响其关注者的态度，这种现象激发了学者们对政治信息传播问题的兴趣。因此，国外的文献可分为关于政治分享的研究和个人传播行为的研究两个方向。例如，Hossain 等人认为人类的决策行为不一定是有计划的，为此，他们在线调查了257名社交媒体用户计划行为和非计划行为的相关因素，以理解为什么人们会在在线社交媒体上分享政治内容[152]；Shi 等人通过社会交往理论，建立概念框架来对个人的转发行为机制进行研究[154]；Joseph 等人则认为社交媒体用户所发的推文与其政治倾向呈显著正相关，且候选人的推文与其之后的政治选举表现强烈相关，最后从形成的庞大推文数据库中提取出有效数据并加以分析，提取出有效的政治行为[155]。

上述研究所针对的社会热点事件，大多集中于某一具体的案例、某一特定类型的事件或者某一社交平台，并没有对社会热点事件的不同属性进行相关分析。为此，本章将社会热点事件进行分类，从而分别针对不同类型的事件，探究社交媒体用户传播行为的影响因素。除此之外，信息分享的一个重要动机是即时信息发布时引起的情绪反应[156]，而社会热点事件的发布往往就是一个即时信息的发布。在以往的大多数相关研究中，通常用计划行为理论、动机理论、使用与满足理论等完全理性的假设来解释用户进行信息分享的传播行为。然而，本章根据冲动行为理论[156]，认为即时信息共享也可以变得情绪化和具有冲动性。社会热点事件留给人们的思考空间较小，当各类信息在极短时间内铺天盖地而来时，用户的关注以及参与事件的本身，就是理性化和情绪化共存的过程[157-158]。此外，Hossain 等人也提到了计划行为和计划外行为[152]，其与理性和冲动的两种量化形式存在异曲同工之处。因此，本章将用户传播行为用计划行为理论和冲动行为理论来解释，并用冲动程度来量化，以探究不同类型社会热点事件背景下社交媒体用户的传播行为是否受冲动程度的影响，并进一步分析不同层次的冲动程度。

5.3　研究设计

5.3.1　研究对象

本章的研究对象是社会热点事件中社交媒体用户的传播行为。研究表明，社交媒体具有信息双向流动，以及用户的匿名性等特征，使得用户可以在社交媒体平台中自由地分享自己或者他人的意见。此外，在社交网络中也不乏一些意见领袖的存在，其可能是官方的媒体账号，也可能是普通的社交网络用户。这些意见领袖的存在使得某些言论和观点能够得到更加快速、广泛的传播。社交媒体上的点赞、评论、转发的交互行为，是最常见、最快速的信息传播行为，因此需要在社会热点事件背景下探究哪些因素会影响用户的上述传播行为，且在文化事件、突发公共事件、政治司法事件等三类不同事件背景下，影响因素是否会存在差异。以上是本章要探讨的主要问题。

5.3.2　理论基础和研究假设

1.个人特征

在心理学研究中，个人基本特征会影响其行为意图。在日常生活中，我们也会发现：在许多情况下男性和女性对同一事物的认知会有一定程度上的差异。除了性别以外，年龄、工作、收入、教育经历等也会对人们的认知造成影响。基于此，本章主要提出了三个人口特征量：①性别：性别为虚拟变量，男性定义为1，女性定义为0。②年龄：年龄分为四个阶段，18岁以下、19岁至24岁、25岁至35岁、36岁及以上，因此将其设置为一个序数变量，从低到高为1~4。第一阶段，18岁是中国的法定成年年龄，也是人们的世界观、人生观、价值观初步建立的阶段；第二阶段，即19岁至24岁，是人们较为迷茫的年龄段，有的人已经步入社会开始工作，有的人面临着大学毕业；第三阶段，即25岁至35岁，人们已经开始独立生活或者步入婚姻生活，有了较为独立的经济来源，认知开始慢慢变得成熟；第四阶段，即36岁及以上，基本都进入工作状态，对于事件的认知已经基本成熟，并且人生的阅历有了一定的累积。③学历：学历以高中（中专）、大学、研究生为三个分界线，为序数变量，从低到高为1~3。高中或者中专以下学历，对于各学科的学习都是理论阶段，对于事件的认知主要基于知识和理论基础，并且一些观点更多的是通过被动灌输而接受的；大专和本科阶段，人们更多的是自主学习，在经历了高考阶段后，开始进行系统的专业知识学习，其对于某一细分专业会有更深层次的认知，从而对相关的社会事件会有新的见解；最后是研究生阶段，在经历考研或者出国学习后，不管是学术研究还是社会实践的历练，都会使得眼界更加开阔。基于此，本章提出：

假设1：个人特征会对三类事件传播行为产生影响。

2.个人兴趣和社交媒体偏好

本章通过用户对于三类社会热点事件的兴趣偏好，以及社交媒体使用的偏好，来衡量社交媒体用户的认知因素，并且认为这种认知因素会影响用户对不同社会事件的关注程度。德国教育家 J. F. Herbart 在多方面兴趣理论中提到，兴趣是人的一种与丝毫不关心、不在乎处于对立的心理状态，属于内心的一种主动倾向；兴趣会主动引导人们内心的爱好和欲望，从而发展成为一种意愿、态度。Herbart 将兴趣分为六类，本章所讨论的社会热点事件则属于其中的社会兴趣。社交媒体平台作为社会热点事件的主要信息传播渠道，用户在平台上面的信息传播形式主要体现为分享行为。李静和谢耕耘等人的研究发现，对于不同类型的社交平台，其主要用户群体和所分享的信息内容均有所不同[158]。QQ 的用户群体整体年纪会偏小，而微信更多的是作为一个社交圈子，用户群体年纪则会偏大一点，但两者的功能均是偏重于社交网络功能，以及了解周围朋友的看法；知乎作为一个在线问答式社区，和维基百科、百度百科等网络百科更为类似，更多的是偏重于信息的分享，其用户群体中包括一些以知识获取为主要目的的高知识型用户；微博、抖音等社交媒体，更多的是了解实时信息，具有较强的娱乐性和随机性。基于以上分析，本章认为社交媒体的使用偏好会在一定程度上反映出用户对不同信息的获取兴趣。

假设 2：个人兴趣偏好和社交媒体偏好会对三类事件关注程度产生影响。

3.关注程度

根据计划行为理论（TPB），态度是行为意图的主要决定因素。个体对于事件的关注程度越高，越会驱使其去更加深入地了解该类事件，从而会影响个体的信息分享行为。皮尤研究中心的一份报告指出，美国人是否会对公共问题分享看法，取决于他们对于该问题了解的信心程度、意见强度和兴趣强度[101]；在社会认知理论中，人类自身的认知活动与他们最终的行为之间存在一定的因果关系；在 Grunig 提出的公众情景理论中，用公众的认知程度、参与程度、阻碍确定程度来衡量和解释公众积极和消极的信息处理行为。基于上述理论，本章认为社交媒体用户对不同事件的关注程度会正向影响用户的传播行为。

假设 3：关注程度会对三类事件传播行为产生正向影响。

4.社交媒体使用习惯

在计划行为理论中，个体对执行特定行为的难易程度的感知，被称为知觉行为控制，其通常与个人的过往经历、个体所拥有的资源，以及对行为难度的预期认知有关。在互联网高速发展和移动终端具有高普及率的背景下，社交媒体用户传播行为与用户对社交媒体的使用经验有关，即拥有更多在线信息分享行为经验的个体，其所具有的知觉行为控制更强，使得其在社会热点事件背景下拥有更多的信息来源和传播机会，进而在一定程度上正向影响社交媒体用户的传播行为意图。

对于社交媒体使用，本章用三个指标来加以衡量，分别是社交媒体使用频率、使用时长以及曾经使用过的数量。以上三个指标的数值越大，则社交媒体使用经验越多，知觉行为控制越强。本章中，频率、使用时长和数量都为有序变量。

假设4：社交媒体使用会对三类事件传播行为产生正向影响。

5.社交媒体使用动机

使用与满足理论可以用于分析互联网及社交媒体用户的使用动机。由该理论可知，用户对于社交媒体的使用完全是在个人的心理需求和愿望的驱动下进行的，即强调个人的心理因素对社交媒体使用的影响。可见，社交媒体的使用动机是为了满足个人的心理需求。为此根据使用与满足理论，Katz等人基于大众传媒及社会心理学中的35种个人需求，将社交媒体使用需求划分为5类：①对于知识、信息等的相关认知需求；②与情感体验、审美相关的情感需求；③与增强可信度、增强自身地位、认可度相关的综合需求；④与家人、朋友联系的社交需求；⑤与逃避或释放紧张情绪相关的综合需求[101]。在凯度发布的《2018年中国社交媒体影响报告》中，熟人社交、更快地了解社会热点，以及增长知识面，是社交媒体带来的三个主要的积极影响。通过上述分析，以社会热点事件为背景，本章综合提取了消遣娱乐、了解时事新闻、获取知识信息、社交需求、分享自身动态和情感作为五个社交媒体使用动机。

假设5：不同的使用动机会对不同类型社会热点事件的传播行为产生影响。

6.冲动程度

冲动被定义为一个人可能会采取无意识的、立即的和不加思考的行动的程度，具有迫不及待以及对于行为将会导致的后果不敏感的特点。与计划行为理论相比，冲动行为理论的提出源于营销学中的冲动购物行为，即个体根据即时的判断进行购买，而没有预先的购买意图和购买计划，是一种冲动的、计划外的表现。可见，冲动行为理论可以有效地解释某些社交媒体用户面对社会热点事件时产生的突发性、没有任何预见性的传播行为，即用户进行传播时更倾向于进行快速的分享，而不会意识到自己行为的后果。Hossain则用外向性和冲动的性格来衡量计划外的行为，其研究表明，计划外的行为会对用户的传播行为产生正向影响[152]。基于以上分析，本章将冲动行为用四个程度进行量化，其中程度越低则越偏向理性、计划内的行为，程度越高则越偏向冲动、计划外的行为。

假设6：冲动程度会对不同类型事件传播行为造成不同的影响。

7.信息情感

根据情感感染理论，情感在人们的日常交流中扮演着重要角色，且具有传染性，尤其是在社会群体中，情感在短期内的影响更具有代表性。因此，在社交媒体环境下，情感的传染会对用户的信息分享行为产生重大影响。Hissu等人对社交媒体中情感问题研究的文献进行了综述，其研究结论表明，现有大多数研究都是探讨情绪对社交媒体中信息传播行为决策的影响，且其所关注的都是消息的病毒式传播和转发行为[159]。此外，部分学者发现正面情感会得到更多转发；另一部分学者则认为带有负面情感的推文，会在社交媒体中更容易传播；有的研究则表明正面情感和负面情感对于社交媒体中信息传播行为的影响并没有显著差异。然而，虽然对正面及负面情感的影响存在争议，所有的相关文献却无一例外地认为情感会促进社交媒体中的信息传播行为。

假设7：信息情感极性对于不同类型事件的作用不一样。

8.集体意见

在社交媒体环境下，个人的行为会受到他人观点，即集体意见的影响。集体意见被定义为个体基于他人的行动和看法，而表现出的分享行为倾向的程度[152]，其理论上与从众效应具有一致性。从众效应中的认知一致理论认为，人们在认知中会追求一种一致的、统一的和谐倾向。如果在传播过程中出现了不一致的行为，会让人感到一种心理压力，并促使其将这种不一致性调整到最小，甚至有时候会导致社交媒体中出现"沉默的螺旋"现象。对于计划内的理性行为，集体意见作为一种环境因素，可以等同于主观规范对个体行为意向的影响；对于计划外的冲动行为，个体自发的、无意识的行为，则在一定程度上更容易受到集体意见的影响。现有研究表明，在社交网络中有影响力的意见领袖的观点和意见，更容易成为社会热点事件中的集体意见，从而对个体传播行为产生影响。

假设8：集体意见会对传播行为产生影响。

5.3.3　理论模型与问卷设计

本章拟在文化事件、突发公共事件、政治司法事件等三个不同类型社会热点事件情景下，探讨社交媒体用户传播行为的影响因素，并进一步探究不同的事件类型是否会在某些影响因素上存在一定的差异，从而在民众面对不同社会热点事件时，采取不同的方式，引导其信息传播行为。此外，由文献分析可知，现有研究都只使用了计划行为理论或使用与满足理论等偏向理性的行为方式，研究社交媒体用户的传播行为，即认为每一个行为决策都是基于个体的认知判断而有计划地实施。然而，近期有关情绪化、冲动性的计划外传播行为研究则认为，社交媒体上的快速分享是自动、迅速发生的。实际上，个体在做决定时，会同时使用意识和潜意识两种思维模式，即一种思维模式是反思的、理性的和充满认知的；另一种思维模式是本能的、自动的。根据双过程理论，人类的心理过程运行着两个截然不同但又相互关联的思维：自动和受控[152]。基于此，本章以计划行为理论和冲动行为理论为基础，来解释社交媒体用户的传播行为，并建立了如图5-1所示的传播行为影响模型。本章采用问卷调查方式收集数据（调查问卷见本书附录），采用实证分析方法，探究三类不同社会热点事件背景下社交媒体用户传播行为的影响因素，从而对提出的理论模型进行验证。

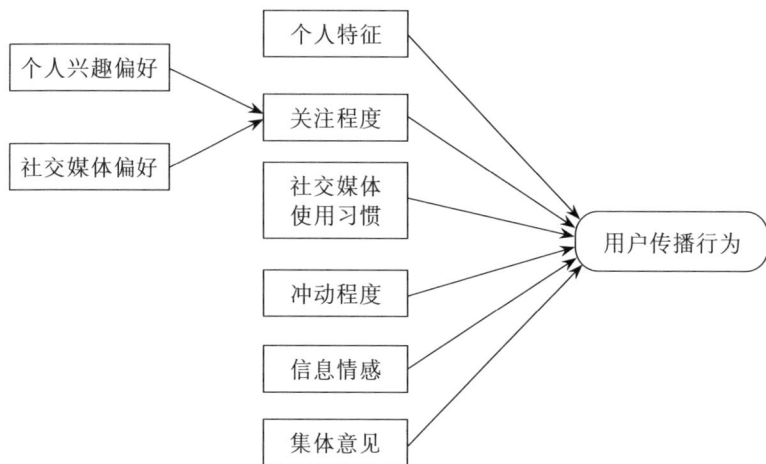

图 5-1　传播行为影响模型

　　本章设计的问卷共包括 24 个问项。问卷第 1~3 题对应于个人特征变量；问卷第 4、9 题对应于个人兴趣和社交媒体偏好；问卷第 5~8题对应于社交媒体使用习惯和使用动机，其中社交媒体使用习惯均采用了五个维度加以量化；问卷第 10~24 题对应于三类不同热点事件情境下用户的传播行为程度、关注程度、冲动程度、信息情感以及集体意见。参考现有文献，本问卷分别使用四个维度对传播行为程度、关注程度、冲动程度、集体意见进行量化，而信息情感则为三分类变量。

5.4　数据分析与结果讨论

5.4.1　问卷发放与数据收集

　　考虑到网络调查的范围更加宽广，且回收的时间更短，所需费用更低，因此本研究中的问卷调查采用网络投递式。问卷于 2019 年 4 月14 日在"问卷网"平台发放，于 2019 年 4 月 16 日停止发放，共收回276 份有效问卷。"问卷网"的数据显示：受访者平均答题时长为 2 分48 秒；问卷的地域来源主要分布于江苏、江西、辽宁、山东等地，其次集中于重庆、云南、四川、浙江、安徽等地，可见本次问卷受访者涵盖了国内大部分地区，这在一定程度上保证了问卷数据的普及性。根据收集到的数据，对每个变量做出描述性分析后，本章按照事件类型分别建立了三个独立的数据表格，并运用SPSS分别对三个数据集进行回归分析。

5.4.2　数据分析与结果讨论

1.数据描述性分析

（1）自变量

自变量为三类社会热点事件情境下社交媒体用户的传播行为，分为四个量化程度：从未传播、会转发、会转发且点赞或评论、会主动发布。在文化事件情境下，有61个人从未传播过文化事件，215人表示转发或发布过文化事件；在突发公共事件情境下，有53个人从未传播过突发公共事件，223个人有过传播行为；在政治司法事件情境下，有114人从未传播过政治司法事件，162人有过传播行为。可见，对于文化事件和突发公共事件，人们更容易产生传播行为；而对于政治司法事件，人们产生的传播行为则相对较少。

（2）因变量

在个人特征方面，问卷的受访者包括136位男性和140位女性，男女性别比例差别不大；年龄方面，19岁至24岁所占比例最大，为42.8%，其次为25岁至35岁，所占比例为31.2%，以上数据与目前社交媒体主要使用群体的年龄情况相似；学历方面，大专及本科学历最多，占67.1%，其次为高中或中专以下学历，占26.4%。

通过对社交媒体偏好和个人兴趣偏好数据进行分析可知，在社交媒体偏好方面，77.54%的人认为其最常使用的社交媒体是百度百科、维基百科等网络百科；81.16%的人认为QQ占第二位；80.07%的人认为微博占第三位；79.35%的人认为微信占第四位；81.88%的人认为知乎占第五位；83.70%的人选了今日头条等新闻类APP，占第六位。虽然有10.51%的人选择微博为第一位经常使用的社交媒体，但相较于77.51%的人将网络百科作为首选社交媒体，其数据还是相差太大。而每一个排位的选择占比都在80%左右，这在一定程度上表明，此次调查人群对于社交媒体的使用偏好基本一致，没有较大差异。在个人兴趣偏好方面，对文化事件感兴趣的人最多，占48.91%；其次是对突发公共事件感兴趣的人数，占40.94%；最后是对政治司法事件感兴趣的人数，占10.14%。①可见，文化事件和突发公共事件的差异不大。本章分别就社交媒体偏好及个体兴趣偏好对三类事件用户关注程度的影响进行了回归分析。分析结果表明，对于文化事件（卡方=116.399，p=0.156>0.05）、突发公共事件（卡方=120.480，p=0.102>0.05）、政治司法事件（卡方=113.938，p=0.197>0.05），其影响都不显著。

在社交媒体的使用动机方面，排名前三的为休闲娱乐、了解时事新闻、社交需求。在文化事件情境下，社交媒体使用动机存在显著影响（卡方=26.935，p=0.029），其中休闲娱乐对于文化事件传播行为有显著影响（卡方=17.121，p=0.001<0.05）；从未传播行为与主动发布的传播行为相比，没有选择休闲娱乐作为使用动机的人，不容易产生传播行为（p=0.001）；没有选择社交需求作为使用动机的人，不容易产生传播行为（p=0.017）；而对于转发行为、转发并点赞或评论行为两个中间维度的传播行为而言，与主动发布行为相比，休闲娱乐没有太过显著的影响（p=0.110，p=0.123）。在突发公共事件情境下，社交媒体使用动机存在影响（卡方=85.963，p=0.000），其中从未传播行为与主动发布行为相比，没有选择题项中五种动机的人会更容易决定不传播，其p值都小于0.05；而转发行为与主动发布行为相比，没有选择分享动态（情感释放）的人更容易产生转发行为，而不是主动发布行为（p=0.011）。在政治司法事件情境下，社交媒体使用动机不存在影响（卡方=14.902，p=0.459）。

在关注程度方面，本章分别用四个维度来衡量人们对于三类事件的关注程度。在文化事件中，最多的是偶尔浏览行为，占42.8%；其次是经常浏览行为，占29.8%，均值为2.47。在突发公共事件中，最多的是经常浏览行为，占41.7%；其次是偶尔浏览行为，占41.3%，均值为2.67。在政治司法事件中，最多的是偶尔浏览行为，占50.7%；其次是从未浏览和经常浏览行为，分别占21.0%和20.3%，均值为2.17。可以看出，社交媒体用户对于突发公共事件的关注程度最高，对于政治司法

---

① 因数据四舍五入，合计数并不正好等于100%。

事件的关注程度最低。

在社交媒体的使用方面，三个衡量角度都用了五个维度来加以量化，其中频率选项中，对于从未使用的选择率为0，因此本章剔除这一选项。虽然在使用频率上，人们集中在每天多次的维度上，但就社交媒体的使用时长而言，选择半小时到两小时的人占43.84%；其次是两小时到四小时，以及少于半小时的人；超过四小时甚至六小时的人占少数。在使用数量上，50%的人选择了3~5个，0个的人没有，因此也剔除这一选项。

此外，本章分别将受访者在三类不同事件背景下的冲动程度、信息情感、集体意见，以及受访者的社交媒体使用习惯、关注程度、个人特征等作为自变量，建立多元逻辑回归模型，以对不同社会热点事件背景下社交媒体用户传播行为的三个维度（仅转发、转发并评论、主动发布）进行分析。此外，考虑到某些用户可能从未转发过特定类型的事件信息，本章在问卷中进行了跳题设置，以分别在上述三类热点事件情景下排除从未产生传播行为的样本。

2.多元逻辑回归分析

（1）文化事件

本章以个人特征、社交媒体使用习惯、关注程度、冲动程度、信息情感、集体意见为自变量，以文化事件传播行为为因变量做多元逻辑回归，结果如表5-1、表5-2所示。由表5-1可知，经检验卡方值为100.323，p=0.000<0.05，该回归模型显著。由表5-2可知，模型中学历、社交媒体使用数量、关注程度、冲动程度、信息情感具有显著影响。

表5-1 模式适合度

模型	模型适用准则	似然比测试		
	-2对数似然值	卡方	df	显著性
仅限截距	416.184			
Final	315.861	100.323	54	0.000

表5-2 似然比测试

效果	模型适用准则	似然比测试		
	降阶模型的 −2对数似然值	卡方	df	显著性
截距	315.861	0.000	0	0.000
性别	317.144	1.283	2	0.527
年龄	323.597	7.736	6	0.258
学历	327.910	12.049	4	0.017
频率	325.488	9.627	6	0.141
时长	323.056	7.195	8	0.516
数量	329.616	13.755	6	0.032
关注程度	332.757	16.896	6	0.010
冲动程度	346.412	30.551	6	0.000
信息情感	327.642	11.781	4	0.019
集体意见	318.834	2.973	6	0.812

本章以主动发布行为作为参考变量，其与转发行为相比，性别、年龄的影响不显著，学历影响显著（p=0.000），其中学历为高中及以下，以及大专及本科两个维度，对于转发行为存在显著负影响。以上结果表明，转发行为与主动发布行为相比，学历为高中及以下和学历为大专及本科的人，比学历为研究生的人更容易选择主动发布行为。社交媒体使用频率影响不显著，但社交媒体使用时长和社交媒体使用数量影响显著，社交媒体使用时长为负影响，而社交媒体使用数量为正影响。转发行为与主动发布行为相比，使用时长低于6个小时，比使用时长超过6个小时的用户更容易选择主动发布（p=0.000），使用数量少于8个的用户，比使用数量多于8个的用户更容易选择转发行为。与主动发布行为相比，冲动程度为2和3维度的有显著正影响（p=0.001，p=0.002），即冲

动程度选择选项 2 和 3 的用户比冲动程度选择选项 4 的用户更容易产生转发行为。与主动发布行为相比，信息情感为正向情感的用户比信息情感为负向情感的用户更容易选择转发行为（p=0.004）。

以主动发布行为为参考变量，与转发并点赞、评论行为相比，学历和社交媒体使用时长与转发行为影响一致；使用数量上，社交媒体的使用数量为 3~5 个的影响与 1~2 个的影响相似，使用数量为 1~2 个和 5~8个，与使用数量 8 个以上的用户相比，更容易选择转发并点赞、评论的行为；冲动程度和信息情感的影响与转发行为的影响一致。

（2）突发公共事件

本章以个人特征、社交媒体使用习惯、关注程度、冲动程度、信息情感、集体意见为自变量，以突发公共事件传播行为为因变量，进行多元逻辑回归，结果如表 5-3、表 5-4 所示。由表 5-3 可知，经检验卡方值为 96.154，p=0.000<0.05，说明该回归模型显著；由表 5-4 可知，模型中社交媒体使用时长、关注程度、信息情感、集体意见具有显著影响。

表 5-3   **模式适合度**

模型	模型适用准则	似然比测试		
	−2 对数似然值	卡方	df	显著性
仅限截距	469.086			
Final	372.932	96.154	54	0.000

以主动发布行为作为参考变量，使用时长对于转发行为有显著正影响（p=0.000）：使用时长为 6 个小时以下的用户比使用时长为 6 个小时以上的用户更容易选择转发行为。关注程度对于转发行为具有显著正影响（p=0.004）：关注程度为 2 的用户比关注程度为 4 的用户更容易产生转发行为。集体意见对于转发行为有显著正影响（p=0.027）：选择自己不会被环境所改变的用户比起没有主见的用户更容易产生转发行为。

表5-4   似然比测试

效果	模型适用准则	似然比测试		
	降阶模型的-2对数似然值	卡方	df	显著性
截距	372.932	0.000	0	0.000
性别	373.790	0.858	2	0.651
年龄	379.531	6.599	6	0.360
学历	375.395	2.464	4	0.651
频率	378.548	5.616	6	0.468
时长	392.956	20.024	8	0.010
数量	374.414	1.482	6	0.961
关注程度	388.170	15.238	6	0.018
冲动程度	377.010	4.078	6	0.666
信息情感	384.334	11.402	4	0.022
集体意见	391.265	18.333	6	0.005

以主动发布行为作为参考变量，年龄在25岁至35岁，对于转发并点赞、评论行为具有显著负影响（p=0.020）；年龄在25岁至35岁的人，与36岁以上的人相比，更容易选择主动发布行为；使用时长在半小时以下，对于转发并点赞行为具有显著正影响（p=0.046）；使用时长在半小时以下的用户比起使用时长在8小时以上的人更容易选择转发并点赞、评论行为；关注程度为2和3的人（p=0.006，p=0.010）比起关注程度为4的人更容易产生转发并点赞、评论行为；信息情感与转发并点赞、评论行为呈显著负相关（p=0.011），即信息情感为负向情感的用户比起信息情感为正向情感的用户更容易选择主动发布行为。

（3）政治司法事件

本章以个人特征、社交媒体使用习惯、关注程度、冲动程度、信息情感、集体意见为自变量，以政治司法事件传播行为为因变量做多元逻辑回归，结果如表5-5、表5-6所示。由表5-4可知，经检验卡方值为

142.805，p=0.000<0.05，该回归模型显著；由表5-6可知，模型中学历、社交媒体使用时长、关注程度、信息情感、集体意见具有显著影响。

表5-5　　　　　　　　　　　　**模型适合度**

模型	模型适用准则	似然比测试		
	−2 对数似然值	卡方	df	显著性
仅限截距	286.746			
Final	143.942	142.805	54	0.000

表5-6　　　　　　　　　　　　**似然比测试**

效果	模型适用准则	似然比测试		
	降阶模型的−2 对数似然值	卡方	df	显著性
截距	143.942	0.000	0	0.000
性别	144.760	0.818	2	0.664
年龄	149.895	5.954	6	0.428
学历	158.981	15.040	4	0.005
频率	156.316	12.374	6	0.054
时长	160.810	16.869	8	0.032
数量	156.353	12.412	6	0.053
关注程度	195.441	51.499	6	0.000
冲动程度	151.941	7.999	6	0.238
信息情感	154.569	10.628	4	0.031
集体意见	168.880	24.938	6	0.000

以主动发布行为作为参考变量，社交媒体使用频率为每天一次，对于转发行为存在显著负影响（p=0.048）；与每天多次的使用频率相比，使用频率为每天一次的用户更容易选择主动发布行为。对事件关注程度为2，即偶尔浏览政治司法事件的行为对于转发行为存在显著正影响

（p=0.031），即偶尔浏览政治司法事件的用户相比会主动搜索政治司法事件的用户更容易选择转发行为。维度为3的集体意见对转发行为具有显著正影响（p=0.016），即对自己有影响力的人会改变自己传播决策的用户比起对于政治司法事件完全没有主见的用户更容易选择转发行为。

以主动发布行为作为参考变量，社交媒体使用时长为半小时以下（p=0.005）和使用时长为3~5小时（p=0.004），对于转发并点赞、评论行为有显著正影响，即比起使用时长在6小时以上，上述两个维度更容易进行转发并点赞、评论行为。关注程度为2，即偶尔浏览政治司法事件的行为，对于转发并评论的影响与上述因素对转发行为的影响一致。

3.结果讨论

通过上述分析，可得出如下结论：首先，在个人特征方面，性别对于传播行为并没有影响，而年龄和学历则在一定情境中会产生影响：年龄处于25~35岁区间的社交媒体用户更容易主动发布突发公共事件；学历越低的用户对文化事件传播行为程度越高，学历越高的用户对政治司法事件传播行为程度越高。而在社交媒体中，网络的匿名性和开放性，以及庞大的用户规模，使得男性传播行为和女性传播行为之间存在的差异被降至最低，因此性别不存在显著影响，故剔除性别后，假设1成立。其次，根据上述社交媒体偏好和个人兴趣偏好与关注程度的回归分析结果可知，假设2不成立。上述结果说明，现在的用户对于社交媒体的使用偏向基本一致，主流的社交媒体平台成为大众的首选，并且随着移动终端设备的不断更新换代，用户同时使用多个社交媒体不会存在任何阻碍。最后，用户的个人兴趣并不会完全影响对各类事件的关注程度，对某类事件存在较高的兴趣程度，并不会降低用户对其他事件的关注程度。此外，结果也表明，现在的社交媒体用户对于突发公共事件和政治司法事件的关注比以往更加具有普遍性。

社交媒体使用习惯在三类热点事件情景下均存在显著影响，其中使用时长与传播行为呈正向影响关系；在文化事件中，使用数量与传播行为呈正向关系；而在政治司法事件中，使用频率为每天一次的用户，容易有更高程度的传播行为。除去社交媒体使用频率，假设4成立。此外，社交媒体使用动机在三类事件中存在不同影响：文化事件中休闲娱乐和社交需求会促进用户对于传播行为的选择；突发公共事件中五种动机都会促进用户传播行为的选择；而分享动态（释放情感）会增强传播行为的程度；政治司法事件中不存在影响。因此，假设5成立。

在三类事件中，关注程度对传播行为具有正向显著影响：关注程度越高，传播行为程度越高，即假设3成立。冲动程度只在文化事件中与传播行为呈正向影响关系，而在突发公共事件和政治司法事件中，其影响却并不显著，即假设6不完全成立。究其原因，可能是因为对于文化事件的传播，社交媒体用户会更加开放、自由并且敢于传播，且对于所传播的内容不需要过多的思考；而对于突发公共事件和政治司法事件，每个人立场不同，有的用户因为网络的匿名性，敢于马上表明自己的立场与态度而不考虑后果，而有的用户对于这两类事件，尤其是政治司法事件的传播存在自己的顾虑，导致不论是转发还是更高维度的主动发布都会更有计划、更具理性。可见，突发公共事件和政治司法事件往往涉及道德、犯罪和群众自身的利益诉求，导致社交媒体中同时存在对其持"稍显激进"和"缄口不言"两种态度的人群。

在三类事件中，信息情感对用户的传播行为都具有显著影响，但是影响方向不同，即假设7成立。在文化事件中，具有正向情感的信息更容易增强传播行为的程度；而在突发公共事件和政治司法事件中，具有负向情感的信息更容易增强传播行为的程度，但不论对于哪类事件，具有情感的信息比不具有情感的信息更能促进传播行为。文化事件由于更多的是涉及对娱乐偶像或者体育偶像的喜爱，因此正向信息更容易得到传播；对于突发公共事件和政治司法事件，常常都是坏消息传播得更快，且突发类事件往往是车祸、地震等涉及身体健康及生命安全的事件，因此容易带有负向情感。

集体意见对于突发公共事件和政治司法事件具有显著正向影响，对于文化事件没有显著影响，假设8部分成立。对于文化事件，有的社交媒体用户的认知程度可能较高，有自己独立的看法，不容易受环境影响；而有的社交媒体用户，如盲目追星的粉丝，容易受网络中意见领袖的影响，从而改变其传播行为。但对于突发公共事件和政治司法事件，人们对于事件的认知往往是通过网络媒体的报道或者他人发布的信息而获得，传播行为容易受集体环境的影响。

5.5　本章小结

5.5.1　研究结论

本章基于计划行为理论和冲动行为理论来解释社交媒体用户的传播行为，并通过网络问卷方式收集到276份数据，运用SPSS对收集到的数据进行回归分析，得出三种不同社会热点事件环境下社交媒体用户传播行为的差异。本章的研究结论将为政府或官方媒体对社会热点事件中公众传播行为的监督和引导提供一定的理论支持。本章的研究结论如下：

（1）性别不会对社交媒体用户的传播行为产生影响，但年龄和学历仍会产生行为差异。在网络背景下，网民的性别差异被降至最小，每个人都拥有传播信息的自由，不会因性别受限，其对各类事件的传播行为也没有较大差异。但年龄和学历因为会影响人对于事物的认知，即随着年龄和学历的增长，人的经历增多、见识更广、社会参与感更强，其对于政治司法类事件的传播行为会增多。

（2）社交媒体的使用数量和时长会正向影响传播行为，而使用频率则不会产生影响。使用数量越多和每天使用时长越长，用户对于社交媒体的使用越熟练，所获得的信息也会更多，从而在一定程度上增加传播行为的可能性。但使用频率越高却不能代表用户浏览信息的次数越多，高频低时长的情况，说明用户只是使用社交媒体发布某个动态或者回复社交消息，而不是因为关注某类事件并产生传播行为。

（3）关注程度正向影响各类事件环境下的传播行为，但个人兴趣偏向和社交媒体偏向不会影响对各类事件的关注程度。用户对一类事件的关注程度越高，对于这类事件的参与度就会越高，自然传播行为的程度更高。但是个人兴趣偏向不会影响关注程度，也就是说某个用户对于文化事件更感兴趣，那么这个用户对突发公共事件和政治司法事件的关注程度不一定比对文化事件的关注程度低。随着信息获取成本越来越低，社交媒体用户对于突发公共事件和政治司法事件的参与程度较之以前已经大幅提升。

（4）冲动程度只在文化事件背景下产生正向影响，说明社交媒体用户对于文化事件更加敢于进行不计后果的行为。突发公共事件总是带有争议和谣言，感同身受的用户或许会冲动地转发，但也会有用户感到疑惑而不会轻易传播。至于政治司法事件，往往涉及政府发布的信息，通常由政府官方媒体发布，内容可能是涉及贪污腐败等的负面信息，也可能是会议讲话、文件发布等正面信息，用户可能会对关联到自身的信息更容易产生冲动传播行为，对于其他类型信息则会稍显谨慎。

（5）带有正向情感的信息会促进文化事件的传播行为，带有负向情感的信息会促进突发公共事件和政治司法事件的传播行为。社交媒体用户更喜欢传播带有正能量且具有体育精神类的信息，或者积极向上的偶像明星类信息。在突发公共事件和政治司法事件背景下，负向信息通常更容易引起关注和传播，如车祸、地震、贪污等关系到道德、犯罪等的负面信息，要么涉及公众健康和生命安全，要么在一定程度上威胁到社会治安和公共安全，使得社交媒体用户更加倾向于高维度的传播行为。

（6）集体意见会影响突发公共事件和政治司法事件背景下的传播行为，但不会影响文化事件下的传播行为。突发公共事件和政治司法事件的信息来源，除了官方媒体的发布以外，更多的是社交媒体用户的自行发送，所以常常出现谣言和不实的负面舆论信息。用户对于事件的认知程度受环境影响较大，所以很容易受周围意见的影响。而在文化事件中，大部分社交媒体用户扮演着粉丝的角色，对于事件的认知更加清晰，对于自身的立场很坚定，不容易受集体意见的影响。

5.5.2 策略建议

（1）对于突发公共事件和政治司法事件及时发布官方信息。

这两类事件通常存在一个发展过程，从事件在网上曝光到最后的真相或者结果的公布，事件的传播存在两种可能：一是被社交媒体用户积极讨论；二是由于讨论热度不够而逐渐被人们遗忘。不论是哪种可能，事件所涉及的官方媒体都应该及时发布最新的进展信息。对于前种情况，避免用户的讨论脱离真相，进而滋生网络谣言；对于后种情况，再度引起网友的注意，让事件能够在大众的监督下得到公平妥善的处理。此外，官方信息公布的及时性和准确性也能在一定程度上减少谣言的数量，让社交媒体用户对于事件的认知更为清楚，避免负向信息得到更广泛的传播。

（2）及时进行舆论信息监测，对于不实的负面信息及时删除。

社交平台和相关的网络监管部门应该加强舆论监控。在事件发生后，及时进行对相关关键词的监测，了解实时的舆论变化，以便及时做出预防措施。因为网络中存在水军和一些居心不良的人，所以网络暴力常有发生。现在网络流言所带来的伤害已经越来越大，但其实很大一部分用户只是接收了不实信息并进行传播，而并未对信息进行鉴别。在检测到不实信息源头或者发现不实信息被传播后，相关部门应及时联系发布者，要求其删除信息，或者由社交媒体平台直接删除后，通知用户该信息为不实信息，并做出警告，以防用户再次发布。

（3）培养属于自己的网络意见领袖，加强主流媒体与民众的交流。

社交媒体让人与人之间的线上距离变得很短，媒体与民众之间的交流变得更加容易。因此，政府机构应该培养属于自己的网络意见领袖，其可以是官方账号，也可以是经认证的"大V"用户。除了及时发布信息外，应该和用户多进行双向交流，包括微信公众号的回复、微博的私信或者评论回复、知乎的邀请问答等，从而缩短政府和群众的距离，及时了解群众的想法。在成为网络意见领袖后，运用主流媒体的影响力，及时引导舆论走向，发布权威信息，避免用户的盲目跟随。

第6章 突发事件微博话题发现与情感分析

6.1 引言

截至2018年第四季度,微博作为当今最有影响力的社交媒体平台之一,月活跃用户数已经增至4.62亿,日活跃用户数增至2亿。此外,微博移动互联的特点越来越突出,使用各种移动设备的用户数占网民总数的99%,微博平台下的信息传播也因此呈现出快节奏、即时性等特点。与此同时,具有如此庞大活跃用户群的微博平台也成为突发事件舆情话题的主要渠道,且其传播的话题形式多样,包括文字、视频、图片等,并可在突发事件发生后的短时间内掀起舆论浪潮。因此,基于微博平台实现突发事件话题发现,有助于政府及相关部门在第一时间对可能造成不良社会影响的事件进行有效识别,并基于此制定科学合理的突发事件应对策略,以维护社会的和谐与稳定。

突发事件微博话题是指针对某一特定突发事件,用户通过微博平台转发或评论相关信息而形成的话题。由于突发事件往往涉及公众生命健康以及利益诉求，此类话题信息通常伴有用户的情感体现，因此政府及相关部门如何对舆情话题进行有效识别，进而采取一定措施加以应对，便显得十分重要。如2019年4月9日网传"第三代身份证新增定位绑卡指纹支付功能"引发网友热议，网友纷纷担忧自己的信息会被盗用，忧虑情绪瞬间弥漫全网，仅当天便形成5万转帖的热度。随后4月10日，官方辟谣称"消息不实"，网民情绪逐渐恢复，大都表示对造谣者的痛恨。可见在突发事件发生后若官方进行发文，对舆论进行有效控制，可以有效缓解突发事件造成的紧张情绪。

大量案例表明，对可能形成舆情话题的突发事件进行及时有效的处理，可以减少甚至避免产生负面的连锁反应，从而有利于社会的和谐与稳定。目前，针对突发事件话题的研究，国内外学者大多侧重于探讨突发事件话题的产生与传播问题，其中国外学者均选取本国发生的突发事件作为研究案例，由于缺乏我国本土案例，导致得到的研究结论难以对我国突发事件话题应对实践有现实的指导意义。国内学者则大多从理论角度进行分析，通过将国内外相关理论进行对比与融合，形成更深层次的理论，但往往缺乏相关数据支撑，降低了研究结论的说服力。

本章对近年来国内外学者在"舆情演化"以及"话题发现"等领域取得的研究成果进行了梳理，并根据现有研究基础，给出了一种新的突发事件微博话题发现方法，从而进一步完善了舆情话题发现的结构框架，丰富了舆情演化的相关理论。本章的研究结论将有利于相关部门对当前可能会形成的舆情话题进行积极引导，从而为政府及相关部门制定积极有效的突发事件舆情应对策略提供决策理论、方法和决策依据。

从用户角度来说，了解可能的热点话题，可以促使其更加理性地参与相关微博话题的讨论，从而一方面有利于其积极遵守网络空间中的道德规范及法律法规，另一方面有利于其维系自身的正面形象，获得社会认同。

从相关管理部门及微博平台角度来说，构建健康的微博舆论环境是网络空间治理与净化的重要组成部分。在突发事件发生时，政府及相关部门如果能够对相关事件进行有效甄别，并确定需要投入多少人力、物力、财力，以及在多大的范围内进行权威发声，一方面可以合理、有效地控制舆情言论传播，抑制衍生危机爆发，另一方面可以将控制成本降到最低，从而对于塑造政府形象、提升相关部门管理水平、构建和谐社会和保障国家安全稳定具有重要的现实意义。

6.2　相关研究

本节对近年来国内外舆情话题发现的相关研究进行梳理与分析，从而为本章后续研究工作提供思路。

国外对于舆情话题的研究主要以 Twitter 等国外社交媒体作为研究平台，以传播学、社会学、心理学等理论为研究基础，对舆情话题传播的特征、规律、预测模型、情感倾向、用户行为等进行研究。本章利用 Google Scholar 对国外相关文献进行搜索，并通过对搜索到的文献进行进一步的归纳与整理，发现 2008—2015 年该领域相关文献出现骤增并达到峰值。Mehrotra 于 2008 年对危机管理进行了详细的研究，强调了信息发布在处理各类危机时的重要地位[160]。Berger 和 Milkman 经研究发现，当传播内容含有较多负面情绪时，更能引起人们的再传播行为[82]。Xu 等人则提出了一种基于敏感词加权的 LDA 模型，以对网络敏感话题进行有效识别[161]。张茂元等人在突发事件舆情传播方面发现了一种积极的引导技术，有利于事件话题演化的控制[162]。Zhang 等人提出了一种基于微博平台的情感分析方法，提高了情感极性分析的准确性[163]。王晰巍等人对新媒体环境下的网络舆情进行了探讨和分析，并利用社交网络分析工具进行可视化，揭示了新媒体环境下网络舆情传播的特点、演变和规律[164]。Mai 等人利用大量数据，采用多变量时间序列来预测网络舆情的未来走向，对网络公共事件的传播起到重要的监督和指导作用[165]。

国内对于舆情话题的研究，大多是以微信、微博等社交媒体作为研究平台，探究网络舆情的产生、传播、预警等问题。本章通过对知网中相关文献进行收集整理，发现国内的相关研究在 2009—2014 年期间数量最多。王洋构建了突发危机事件生命周期的仿真模型，为突发事件话题的形成研究提供了借鉴[166]。赵晓航从情感分析与主题分析的角度出发，探究了突发事件传播的判别方法[167]。杨长春等人研究了网络舆情的交互关系，提出了一种突发事件热度预测模型[168]。丁晟春等人以"魏则西事件"为例，提出了一种基于关键词共现的主题发现方法[169]。兰月新将微积分融入模型建立当中来研究舆情传播规律，并用相关事例验证了模型的合理性[170]。郑魁等人利用分词技术提出了一种网络突发事件自动话题发现方法[171]。陈璟浩通过对网络环境中的人际关系进行研究，分析了网络舆情的传播过程[172]。陈婷等人在网络舆情传播模型中加入了三方博弈的理论，并提出了相关应对建议[173]。李良针对突发事件话题发现提出了一种 LDA 主题发现模型与话题预测模型[174]。张一文对网络舆情作用机制进行了梳理，提出了一种基于贝叶斯方法的突发事件热度预测模型[175]。王治莹等人参考了 SEIR 模型，搭建出以政府为主导的舆情控制模型[176]。相丽玲等人研究了网络舆情产生与传播的特征，并提出了一系列相关治理方法[177]。胡瑜利用传播学等原理，对网络舆情进行实证研究，为政府应对突发事件提供了方法[178]。

通过对现有文献分析可知，国外在该方向上的研究起步较早，且国内外研究的侧重方向有所不同：国内侧重于突发事件传播的监测与控制；国外更倾向于研究舆情话题传播过程中的用户行为及信息保护机制。目前国内外研究仍存在以下不足之处：

（1）现有大部分突发事件微博话题研究侧重于探讨话题中体现的用户情感与意见，缺少针对突发事件背景下舆情话题发现的相关研究成果，尤其是利用文本聚类方法进行分析的研究更少。

（2）现有话题发现研究大多基于一个或某几个案例，并对其进行聚类，如采用 K-means 等方法，由于没有将提出的方法应用于其他案例，以对结果进行对比分析，因此结论难以具有普适性。

为此，本章以突发事件微博话题内容为切入点，通过采集各类突发事件下的微博话题内容，先进行横向研究，即将数据筛选与分词统计后，形成各类事件的语料库，并根据相关典型事件提取主题词来验证提出方法的准确性；同时进行纵向分析，即对微博文本内容提取的主题词进行情感分析，判断情感倾向对突发事件演化进程的影响。本章的研究工作对于相关部门建立科学的突发事件应急预警机制具有十分重要的现实意义，同时也进一步丰富了当前舆情话题发现的相关理论。

突发事件微博话题发现，即从海量数据中提取话题关键字并进行可视化的过程。如前文所述，微博数据具有海量、复杂、多样的特点，当前的相关研究大多是从公众情感角度出发，分析并挖掘公众意见，而基于文本内容对舆情话题发现的相关研究则相对较少。因此，本章在对突发事件典型案例进行分析的基础上，结合实际抓取的大量微博话题数据，对话题发现问题进行研究，具体研究内容如下：

（1）对已有的话题发现方法进行多维度比较，分析各类方法的优缺点，为本章后续研究提供思路。

（2）抓取三类常见突发事件的相关微博数据，对抓取到的数据进行归纳、整理，并进行文本预处理，基于此提出两种话题发现方法，并加以对比。

（3）根据已有案例数据对两种方法进行验证。对不同突发事件的主题词进行提取，并与相应的语料库进行比对，进而得到满足突发事件话题形成所需的最小拟合率；再对相对应的典型事件进行主题词提取，与语料库进行比对，看是否能满足上述实验得到的最小拟合率来验证方法的有效性。

（4）对不同事件下用户的评论内容与数量进行分析，将得到的三类情感分析结果进行横向与纵向的对比并得出实验结论。

6.3 相关概念界定与技术工具介绍

6.3.1 相关概念界定

1.突发事件

依据《中华人民共和国突发事件应对法》的规定，突发事件是指突然发生，造成或可能造成重大社会危害，需要予以应急处理的公共卫生事件、自然灾害事件、事故灾难事件和社会安全事件。

（1）突发自然灾害事件

突发自然灾害事件是指包括水灾、旱灾、风灾、地震等的突发性自然灾害事件。突发自然灾害事件具有一定的广泛性与区域性，对民众的生活工作具有极强的影响力，往往具有不可抗性，如2008年的"5·12汶川地震事件"等。

（2）突发事故灾难事件

突发事故灾难事件包括各类生产安全事故，如公共设施事故、环境污染、交通运输事故、核事故等，如2015年"8·12天津滨海新区爆炸事件"等。

（3）突发社会安全事件

突发社会安全事件是指突发无前兆，并给社会带来严重负面影响的社会群体性事件，主要由一些不法分子和邪恶组织等进行的危害社会秩序的行为造成。突发社会安全事件通常会对社会造成较大的人员伤亡和财产损失，如2014年的"昆明火车站暴恐事件"等。

（4）突发公共卫生事件

此类事件多由生物恐怖主义、流行病或传染病，以及生物毒素引起的疾病等引发，其发生、发展十分迅速，且涉及范围较广，如果不加遏制，将对人类健康和生命安全造成极大威胁，甚至造成大量人类死亡或永久性残疾，如2002年发生于我国的"SARS疫情"、2018年发生于非洲的"埃博拉疫情"等。

2.突发事件微博话题

突发事件微博话题是指在发生突发事件时，微博用户对事件进行陈述、评论或发表观点与意见，并形成广泛传播的情况。

微博作为一种多向互动且信息传播极快的社交媒体平台，用户在其中扮演着各类角色：信息发布者、信息接收者以及信息传播者。尤其是经微博验证的大V们，他们往往拥有非常庞大的粉丝群体，当其就一个突发事件进行发帖时，相较于普通用户来说，往往会形成较大的舆论场，而且基于"沉默的螺旋"理论[179]，个人往往被舆论所约束来不断调整自己的言行，从而获得群体认同，使得信息传播得更快、更远。此外，手机等移动终端的广泛普及，更是为微博上信息高速传播提供了便利条件。因此，微博成为突发事件话题形成与扩散的重要渠道。

3.突发事件微博话题的特点

突发事件微博话题具有无先兆性、抽象性、迅速集群性、情绪化、危机常态化等特点。

（1）无先兆性

微博舆情爆发往往是在突发事件发生后非常短的时间内形成的。一般来说，事件的主人公越有影响力，舆情爆发的速度越快，影响的范围越广。短时间内会形成社会舆论场，使其朝着复杂方向变化，可能形成多种负面话题并进行大范围传播。

（2）抽象性

微博话题相较于微博内容来说具有抽象性，是对突发事件的概括与总结。当博主了解到相关信息时，会就自己的个人观点对接收的内容进行修改并传播，话题在这个过程中也被不断地演绎。

（3）迅速集群性

微博平台所形成的在线社交网络可以借助一种不是十分密集的人群关系（人们往往因为观点认同而互相关注），无论是观点上的认同，抑或是情感上的一致，便能在短时间内迅速召集大量人群，使用户通过积极转发、评论参与其中，从而扩大事件的影响范围。

（4）情绪化

社会情绪往往带有很强的群体认同和感染特性，从而成为激发微博舆情产生的重要推动力。在社会情绪的感染下，一旦某个或某类群体对他人产生同情或共鸣，双方便在情感上产生了联系，并使得该情绪在网络平台上迅速扩散。

（5）危机常态化

在微博这种快节奏的传播环境下，1分钟内转发数万次已不是难事。此外，人们对事件来源准确性的判断时间短，对传播内容鲜有深刻思考，事件的严重程度往往会被强化，造成难以预料的后果。这也对官方的处理能力要求更高，当公众形成与官方不同的舆论集合时，会要求官方尽快给出相应回复。因此，微博平台也是一把双刃剑：一方面加快了民众与政府的沟通，使得信息处理更加高效；另一方面一旦政府对微博舆论处理不当，可能会产生难以预见的负面影响。

6.3.2 相关技术工具介绍

本章拟采用的话题发现方法通过对相关话题进行微博内容提取，形成三类常见突发事件数据集，并进一步进行主题词提取。为此，本章进行微博话题发现所用的技术工具包括 Goo Seeker、NLPIR 系统以及Python 程序中使用的 Jieba 分词与 TF-IDF 词频统计工具等。

1.Goo Seeker

本章利用 Goo Seeker 数据抓取工具进行微博话题数据采集。Goo Seeker 是以云计算架构为主体，能够实现抓取网页数据的工具。用户可以根据自己的需求来抓取相关信息，并将抓取到的结果按一定结构输出。

Goo Seeker 的好处很多，根据要抓取的数据难易程度，可以结合多种爬虫工具进行数据抓取且速度非常快，准确度很高，通用性较强。除此之外，Goo Seeker 爬取数据的专业性与逻辑性非常强，自主性非常高，用户可自定义抓取所需相关信息。此外，Goo Seeker 能够实现间断续传等多项功能，增强了工具的实用性与便利性。文本标签化也是其亮点之一。它所具备的自动分词标签化功能，可对数据进行多维度量化，帮助用户进行相关分析。

Goo Seeker 提供大量的开源 Python 编程框架，源代码也可阅读，可供用户自行学习和下载。官网提供给开发者和使用者沟通交流的论坛，在方便用户使用的同时也促使 Goo Seeker 的用户群体迅速扩大，节省了人力与物力。

2.NLPIR 工具

NLPIR 是针对大数据环境下文本信息挖掘的用户需求而开发出来的一种基于自然语言的在线系统工具，能够将无序的信息进行整理后形成结构化的文本内容。该平台可实现数据搜集、中英文混合分词、实体抽取、自适应分词等一系列功能。快速对文本进行处理并进行分析是NLPIR 的最大特色之一，可准确提取人名、地名等文本内容，帮助用户快速了解文本讲述事件的中心元素。除了可以对文本的"正""负"情绪进行区分以外，NLPIR 系统还提供七种情绪的提取，并会给出每种情绪所占的比例，使用户对文本的情绪偏向一目了然。

NLPIR 系统已可实现对大数据的相关处理，且准确度高，实用性强。此外，在 NLPIR 系统上用户可以自行定义词典，并对其不断地完善，以便于提高分词的准确性与个性化，适应了环境与时代的变化。其所具有的过滤功能可有效地对文本进行区分，以尽可能降低文本歧义。平台还支持多语言区分以及多编码识别功能，极大地提高了文本区分的准确性。

当前 NLPIR 系统已历经近二十年，服务过各类公司企业，已经相对成熟和完善。其为用户提供了开发接口并支持多种不同的操作系统，使得用户使用环境更加宽松。NLPIR 系统特有的云平台技术能够实现大数据的存储，缓解了数据存储与处理的压力，是当今最常用的文本分析工具之一。

3.Python 分词词频统计工具

（1）Jieba 分词

Jieba 分词是 Python 使用者最常用的分词工具。其可提供三种不同功能的分词模式，分别对应文本、全篇、搜索三种用户需求，三种分词模式的反应时间也不相同。Jieba.cut 可利用两个参数对分词实现过程进行控制，第一个参数用来输入分词的内容，第二个参数用来确认采用何种模式进行分词。Jieba.cut 首先会对句子编码进行分析与处理，直到达到 Unicode 编码状态。对不同的参数类型均采用正则表达式切分，符合标准的词语会被返回。

Jieba 还提供用户自定义词典，由于时代不断前进，文化也在不断传承与更新，依靠系统自带的词典库肯定是不够的，用户若想要更加准确的结果则需要不定期对词典进行更新。

Jieba 可实现文本主题词的快速提取。将其与 TF-IDF 结合，可在输入代码执行后返回 top20（默认值）的主题词。此外，在分词的基础上还可以对分词结果的词性进行标注，有助于用户对词性进行分析。

（2）TF-IDF 词频统计

TF-IDF 是一种常用的词频统计方法，在利用 Python 实现词频统计过程中具有非常重要的意义。词语出现的次数越多，说明与文档内容的关联程度越高，越能反映出该词语对文本内容的重要程度。因此，利用TF-IDF方法得到的高频词语，可以看作文本的主题词。

TF是指词频，往往被表示成某词在文件中出现频数和文件中所有词语出现最大频数的比值；IDF权重是一种统计度量，用来评估某个词对于整篇文档的重要性。TF-IDF的产生为实现词频统计提供了一种高效的处理方式，并为主题词的提取提供了一种新的方法。

TF-IDF表达式为：

$$TF\text{-}IDF = TF \times IDF \left(f_{ij}/\max_k f_{kj}\right) \times \log_2(N/n_i) \tag{6-1}$$

综上，本章通过主题词提取与比对实现话题发现，该方法能较好地解决传统K-means方法难以实现从海量的相似的内容中获取相关主题的局限。TF-IDF将不同类型的词语赋予不同的权重，能够有效地进行主题词的提取，在实现话题发现的过程中具有重大意义，是较好的词频统计方法。Python相对于其他算法类程序具有简洁易懂、容错性强等特点，在Python中采用这两种工具进行话题发现所得到的一系列方法有利于话题发现方法的推广与使用。

6.4　话题形成影响因素分析及属性选取

本章首先针对突发事件微博话题形成的影响因素进行分析，基于此制定微博话题数据收集策略，从而为后续进行话题发现提供数据支持。

6.4.1　话题形成影响因素分析

1.微博内容

在微博突发事件相关话题传播的过程中，用户最直观接收到的信息就是微博内容。因此，微博的内容成为影响话题形成与传播的主要因素。

微博内容包括用户发布的文字、视频、图片等，涵盖了用户对事件的主观感受与情绪。突发事件话题形成的过程为：网友上传微博内容，其粉丝通过浏览自己的首页或其他用户主页，以及搜索相关内容查看到微博内容，并对微博做出点赞、转发、评论等行为，进而改变微博突发事件的发展进程。由以上传播机理可知，用户可通过对微博内容采取丰富、修辞等方式来刺激其他用户的相关行为，进而加快突发事件微博话题的传播速度。

2.用户参与度

微博内容的受众数量影响受众的参与度，即粉丝数量越多，能接触到这篇微博的用户也就越多，越有可能使更多的用户参与其中，其所造成的影响可能就越大。以"澎湃新闻"为例，其认证为澎湃新闻的官方微博，致力于时政信息传播与思想交流，拥有1658万粉丝数。在最近发生的"巴黎圣母院大火尖塔倒塌事件"中，澎湃新闻官方微博发布的一篇"巴黎圣母院发生大火致标志性塔尖倒塌，仍在扑救"博文，获得27.8万点赞、1.5万条评论、9216次转发，其中评论内容多是对该事件感到遗憾，并表达了自己的祝愿情感。由此可见，具有强大粉丝群的微博博主对提升用户参与度，进而影响突发事件相关话题的传播效果具有非常重要的意义和作用。

6.4.2　突发事件微博话题属性选取

突发事件微博话题研究主要以微博数据为基础进行分析，而微博数据属性呈多样且复杂的特点，因此本部分将进行微博数据属性的选取。

（1）微博的内容是微博的主要信息，通过对文本内容的分析，可得到微博的相关主题，因此微博内容将成为选取的属性之一。

（2）不同突发事件带来的结果不同，所带来的用户关注度不同，参与度也不相同，形成话题的趋势也不尽相同。因此，通过用户对事件所发布的微博总数可推测事件所引发的参与度，进而预测突发事件话题形成的可能性。因此，本章选取突发事件的微博数量作为研究话题发现的一个属性指标。

6.4.3　相关微博数据获取方案

1.微博网址获取步骤

本节在爬取数据时，首先根据事件的关键词进行搜索，得到与之关联的微博内容信息列表，同时可获得相应的微博网址，相关步骤如下（如图6-1所示）：

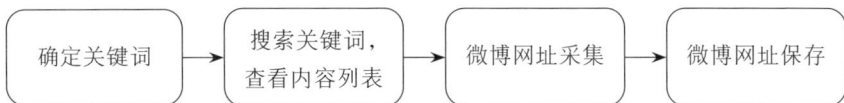

图 6-1　微博网址获取步骤

（1）针对想要获取的突发事件集进行关键词的确定；

（2）搜索关键词，确认相关微博内容列表的信息为需求的数据；

（3）确认后，进行微博网址的采集；

（4）将所需微博网址保存至本地，为之后微博数据的采集做好准备。

2.微博数据采集

Goo Seeker系统为抓取实验的相关数据提供了一种方便快捷的方法，其抓取过程主要包括制定采集规则、数据抓取与数据存储三个方面，具体步骤如下：

（1）打开谋数机，输入微博网址，进行网页内容加载，看是否符合相关内容。

（2）定义主题名并建立整理箱，在整理箱中添加所需的属性名并进行内容映射。

（3）由于微博数据数量较大，内容往往有几百页之多，因此对上述操作采用样例复制并创建记号线索，完成数据抓取前的工作。

（4）开始进行数据抓取任务。打开DS打数机，输入步骤（2）中创建的主题名，在主题名弹出的对话框中选择"统计线索"，线索即为网址。

（5）选择"单搜"选项，DS打数机便开始进行数据的抓取工作，结果将以XML的格式存储下来并点击DS打数机中的"爬虫群—启动"选项。

（6）在Goo Seeker用户主页的"我的规则"中，点击"导入数据"，可直接导入XML数据压缩包或单独XML文件。导入完成后便可导出数据，导出成功后，即可下载。

本章以"江苏过期疫苗事件"为例进行数据采集，采集的数据包括用户名、微博内容、单条微博网址，数据样本如表6-1所示。

表6-1   **"江苏过期疫苗事件"数据样本**

用户名	微博内容	单条微博地址
silva兔狲	真的对得起发明糖丸的科学家吗？渣渣们不该活在这个世界上	https：//s.weibo.com/...box&page=51
巷口叮咚	去年，有过期疫苗事件，引爆全国………	https：//s.weibo.com/...box&page=51
汉中市检察院	江苏145名儿童接种过期疫苗，33人被问责，据扬子晚报……	https：//s.weibo.com/...box&page=2
⋮	⋮	⋮

6.5   突发事件微博话题发现研究

6.5.1   话题发现流程

本章中的话题发现流程如图6-2所示。

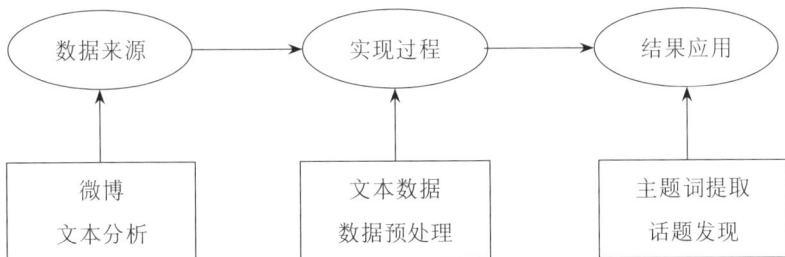

图6-2   微博话题发现流程

6.5.2   基于NLPIR的突发事件微博话题发现方法

NLPIR系统是当今使用频率较高的自然语言分析系统，具有分词、词频统计、情感分析等多种功能，本节提出的基于NLPIR的话题发现

方法实现过程如下:

(1)采用NLPIR系统对抓取到的某一突发事件进行文本内容分词,并进行词频统计,采集已统计词频数据列表,并整理出频率最高的前30个词形成该类事件的语料库。对其他两类事件进行相同的操作,得到三个突发事件语料库。

(2)对突发事件演变成的话题进行同样的词频统计,并整理出频率最高的前20个词语形成该事件相关话题的主题词。

(3)将主题词与语料库进行比对,得到会形成话题的突发事件比对相似率,进一步选取其他已经形成话题的突发事件进行比对,若能达到指定相似率,则判定该方法可行。

此外,在日后发生突发事件时,进行上述同样的主题词选取,与语料库进行比对,若能达到一定相似率,则可以认为该突发事件有较大的可能性演化成话题;反之,则认为演化成突发事件微博话题的概率很小。

6.5.3 基于Python的突发事件微博话题发现方法

1.构建语料库

本节首先从各类突发事件中选取重点相关词汇作为突发事件的关键词,如"毒假疫苗""暴力袭击""火灾"等,选取后根据上述制定的数据采集方法进行微博内容的抓取,形成微博突发事件文本数据库。

随后对文本进行预处理,去除经中文分词后少于七个词语的微博内容,提高准确度。对经过去噪、分词、再筛选得到的文本内容进行整理,用作后续话题发现的素材。

由于使用了TF-IDF方法进行统计,就要将微博的文本内容转化成数值再进行计算。

2.分词与词频统计

Jieba是一个Python实现的中文分词组件,在中文分词领域应用十分广泛,并在分词的同时去除了停用词。本章分析的是微博内容的文本数据,因此采用精确模式对其进行分析。基于Python的突发事件微博话题发现方法实现过程如下：

（1）读取数据源并加载停用词库（见表6-2），随后循环地对每一篇文章进行分词，用Jieba精确分词模式进行文本内容的分词，形成词频矩阵。

表6-2　　　　　　　　　　停用事件指示词表

词性	词汇
动词	按照、打、通过、保管、趁机、认识……
名词	我们、他们、先生……
连词	基本上、简言之、截止、近几年来……
感叹词	啊、哎呀、唉、吧、俺……
⋮	⋮

（2）对分词后的结果进行词频统计，分词后的文件以.csv格式保存下来，可按降序对词频进行排列处理。整理出频率最高的前30个词形成该类事件的语料库，后续工作同上。

（3）输出结果到.csv文件，同时保留Python源文件。

3.语料向量空间降维

对微博内容进行向量空间模型建立后是一个庞大的稀疏矩阵，矩阵中存在大量的数字"0"，因此对形成的稀疏矩阵进行降维，节约计算及存储资源，降低复杂性。

6.6　实验与结果分析

6.6.1　公共卫生事件

对公共卫生事件的研究主要针对近几年频发且与广大民众息息相关的疫苗安全事件。对此类微博内容进行抓取，整理后得到10 294条数据。

（1）基于 NLPIR 的文本分析，通过分词与词频统计得到 30 个出现频次最高的词语，形成该事件语料库，并将其他单独事件统计得到的主题词进行汇总并对比，对比结果如表 6-3 及图 6-3 所示。

表 6-3　　　　基于 NLPIR 的"疫苗事件"词频统计表结果

	疫苗	假	毒	事件	过期	奶粉	药品	注销	接种	批准
长生生物假疫苗事件	√	√		√			√			
长生疫苗18个被撤销事件	√						√	√		√
江苏过期疫苗事件	√			√	√				√	
	孩子	文号	国家	错	回应	地沟油	企业	家长	正确	死于
长生生物假疫苗事件	√		√	√			√			
长生疫苗18个被撤销事件		√	√				√			
江苏过期疫苗事件	√			√	√				√	√
	生产	问题	卫生院	官方	安全	公告	吃	社会	相关	批号
长生生物假疫苗事件	√	√			√			√		
长生疫苗18个被撤销事件	√					√				√
江苏过期疫苗事件			√	√					√	

（a）NLPIR 疫苗事件分词统计标签云图

（b）NLPIR疫苗事件主题词提取后标签云图

（c）NLPIR"长生生物假疫苗事件"分词统计标签云图

（d）NLPIR"长生疫苗18个被撤销事件"分词统计标签云图

（e）NLPIR"江苏过期疫苗事件"分词统计标签云图

图6-3　NLPIR疫苗事件标签云图集

表6-3及图6-3给出的事件均为已在微博形成热门话题的事件，其中"长生生物假疫苗事件"和"长生疫苗18个被撤销事件"与语料库拟合度分别为12/20、10/20。有理由认为，如果未来发生类似疫苗安全事件，进行同样的主题词提取后，一旦主题词与语料库拟合度达到10/20，即有非常大的可能性会形成相关话题，须引起相关部门重视。此外，以"江苏过期疫苗事件"为例，对数据整理汇总并进行分析，得到数据拟合度为11/20，满足最小比率，可见对于突发公共卫生事件，基于NLPIR的该方法可行。

（2）基于Python的文本分析，通过分词与词频统计得到30个出现频次最高的词语，形成该事件语料库，并将其他单独事件统计得到的主题词进行汇总，并加以对比，数据如表6-4及图6-4所示。

表6-4 **基于Python的"疫苗事件"词频统计表结果**

	疫苗	公安	事件	中国	药品	过期	毒	孩子	奶粉	假
长生生物假疫苗事件	√	√	√	√	√			√		√
长生疫苗18个被撤销事件	√			√	√					
江苏过期疫苗事件	√		√			√			√	
	责任	接种	注销	社会	批准	死于	文号	政府	公司	问题
长生生物假疫苗事件				√					√	√
长生疫苗18个被撤销事件			√			√			√	
江苏过期疫苗事件	√	√							√	
	家长	卫生	安全	地沟油	健康	生产	食品	官方	生活	公告
长生生物假疫苗事件			√			√				
长生疫苗18个被撤销事件						√				√
江苏过期疫苗事件	√	√						√		

（a）Python疫苗事件分词统计标签云图

（b）Python疫苗事件主题词提取后标签云图

（c）Python"长生生物假疫苗事件"分词统计标签云图

（d）Python"长生疫苗18个被撤销事件"分词统计标签云图

（e）Python"江苏过期疫苗事件"分词统计标签云图

图6-4 Python疫苗事件标签云图集

由表6-4及图6-4可知，"长生生物假疫苗事件"和"长生疫苗18个被撤销事件"与语料库拟合度分别为12/20、10/20。由此可知，如果未来发生类似疫苗安全事件，进行同样的主题词提取后，一旦主题词与语料库的拟合度达到10/20，即有非常大的可能性会形成相关话题，须引起相关部门重视。以"江苏过期疫苗事件"为例，对数据整理汇总并进行分析，得到数据拟合度为11/20，满足最小比率，因此，对于突发公共卫生事件，基于Python的该方法可行。

6.6.2 社会安全事件

对于社会安全事件主要针对近几年发生比较频繁的社会暴力事件，对此类微博内容进行抓取并整理后，得到10 981条数据。

（1）基于NLPIR的文本分析，通过分词与词频统计得到30个出现频次最高的词语，形成该事件语料库，并将其他单独事件统计得到的主题词加以汇总及对比，其结果如表6-5及图6-5所示。

表6-5　　　　　基于NLPIR的"暴力事件"词频对照表

	暴力	事件	袭击	恐怖	学生	火车站	受伤	发生	恐	犯罪
广州暴力袭击事件	√	√	√			√		√	√	
昆明暴力袭击事件	√	√	√	√		√	√	√	√	√
米脂三中砍人事件		√	√		√		√			√
新疆皮山暴力事件	√	√	√					√		
乌鲁木齐暴力事件	√	√	√		√		√	√	√	

	时间	死亡	嫌疑人	孩子	愿	逝者	定性	砍	同在	恶性
广州暴力袭击事件										
昆明暴力袭击事件		√				√	√		√	
米脂三中砍人事件		√	√	√				√		
新疆皮山暴力事件								√		
乌鲁木齐暴力事件		√								

	安息	中国	同胞	伤者	无辜	祈福	献血	放学	伤人	欺负
广州暴力袭击事件		√								
昆明暴力袭击事件	√	√	√	√	√	√				
米脂三中砍人事件									√	√
新疆皮山暴力事件			√							
乌鲁木齐暴力事件		√		√						

（a）NLPIR 暴力事件分词统计标签云图

（b）NLPIR 暴力事件主题词提取后标签云图

（c）NLPIR "广州暴力袭击事件" 分词统计标签云图

（d）NLPIR "昆明暴力袭击事件" 分词统计标签云图

（e）NLPIR"米脂三中砍人事件"分词统计标签云图

（f）NLPIR"新疆皮山暴力事件"分词统计标签云图

（g）NLPIR"乌鲁木齐暴力事件"分词统计标签云图

图6-5　NLPIR暴力事件标签云图集

　　由表6-5及图6-5可知，"广州暴力袭击事件"、"昆明暴力袭击事件"、"米脂三中砍人事件"和"新疆皮山暴力事件"与语料库拟合度分别为7/20、19/20、11/20和6/20。可见，如果未来发生类似暴力事件，进行同样的主题词提取后，一旦主题词与语料库的拟合度达到6/20，即有非常大的可能性会形成相关话题，须引起相关部门重视。以"乌鲁木齐暴力事件"为例，对微博数据整理汇总并进行分析，得到数据拟合度为10/20，满足最小比率，因此，对于社会安全事件，基于NLPIR的该方法可行。

（2）基于Python的文本分析，通过分词与词频统计得到30个出现频次最高的词语，形成该事件语料库，并将其他单独事件统计得到的主题词汇总对比，其结果如表6-6及图6-6所示。

表6-6　　　基于Python的"暴力事件"词频统计表

	暴力	事件	恐怖	袭击	发生	受伤	车站	火车	无辜	学生
广州暴力袭击事件	√	√	√	√			√			
昆明暴力袭击事件	√	√	√	√		√	√	√	√	
米脂三中砍人事件		√		√		√				√
新疆皮山暴力事件	√	√		√		√				
乌鲁木齐暴力事件	√	√		√		√				
	逝者	死亡	同胞	伤者	暴恐	祈福	任何	平安	遇难	犯罪
广州暴力袭击事件					√					
昆明暴力袭击事件	√	√	√	√		√	√	√	√	√
米脂三中砍人事件		√								
新疆皮山暴力事件										
乌鲁木齐暴力事件		√								
	殒命	一起	严惩	平民	中国	谴责	定性	今夜	新闻	制造
广州暴力袭击事件					√					
昆明暴力袭击事件										
米脂三中砍人事件										
新疆皮山暴力事件									√	
乌鲁木齐暴力事件					√				√	

（a）Python暴力事件分词统计标签云图

（b）Python暴力事件主题词提取后标签云图

（c）Python"广州暴力袭击事件"分词统计标签云图

（d）Python"昆明暴力袭击事件"分词统计标签云图

（e）Python"米脂三中砍人事件"分词统计标签云图

（f）Python"乌鲁木齐暴力事件"分词统计标签云图

（g）Python"新疆皮山暴力事件"分词统计标签云图

图6-6　Python暴力事件标签云图集

以上事件均为已在微博形成热门话题讨论的事件。由表6-6及图6-6可知，"广州暴力袭击事件"、"昆明暴力袭击事件"、"米脂三中砍人事件"和"新疆皮山暴力事件"与语料库拟合度分别为7/20、17/20、5/20和5/20。如果未来发生类似暴力事件，进行同样的主题词提取后，一旦主题词与语料库的拟合度达到5/20，即有非常大的可能性会形成相关话题，须引起相关部门重视。以"乌鲁木齐暴力事件"为例，对数据整理汇总并进行分析，得到数据拟合度为8/20，满足最小比率，因此，对于社会安全事件，基于 Python 的该方法可行。

6.6.3 自然灾害事件

对于自然灾害事件主要针对近几年发生比较频繁的自然灾害事件，如表6-7所示。对此类微博内容进行抓取并整理后得到9 591条数据。

（1）基于 NLPIR 的文本分析，通过分词与词频统计得到30个出现频次最高的词语，形成该事件语料库，并将其他单独事件统计得到的主题词汇总对比，其结果如表6-7和图6-7所示。

表6-7　　　　　基于NLPIR 的"火灾事件"词频统计表

	安全	消防	火灾	事故	发生	工作	开展	爆炸	进行	人员
大理森林火灾		√	√		√					√
江西景德镇森林火灾		√	√		√					√
山东火灾		√	√	√	√	√				√
四川凉山森林火灾	√	√	√		√	√				√
	检查	交通	辖区	学校	实验室	遇难	隐患	引发	部门	生产
大理森林火灾										
江西景德镇森林火灾										
山东火灾										
四川凉山森林火灾						√				
	造成	上午	现场	防控	社区	演练	街道	学校	培训	原因
大理森林火灾			√							
江西景德镇森林火灾										√
山东火灾	√		√							√
四川凉山森林火灾										

（a）NLPIR火灾事件分词统计标签云图

（b）NLPIR火灾事件主题词提取后标签云图

（c）NLPIR"大理森林火灾"分词统计标签云图

（d）NLPIR"江西景德镇森林火灾"分词统计标签云图

（e）NLPIR"山东火灾"分词统计标签云图

（f）NLPIR"四川凉山森林火灾"分词统计标签云图

图6-7　NLPIR火灾事件标签云图集

以上事件均为已在微博形成热门话题讨论的事件。由表6-7和图6-7可知，"大理森林火灾"、"江西景德镇森林火灾"和"山东火灾"与语料库拟合度分别为5/20、5/20和9/20。如果未来发生类似自然灾害事件，进行同样的主题词提取后，一旦主题词与语料库的拟合度达到5/20，即有非常大的可能性会形成相关话题，须引起相关部门重视。以"四川凉山森林火灾"为例，对数据整理汇总并进行分析，其数据拟合度为6/20，满足最小比率，因此，对于突发自然灾害事件，基于NLPIR的该方法可行。

（2）基于Python的文本分析，通过分词与词频统计得到30个出现频次最高的词语，形成该事件语料库，并将其他单独事件统计得到的主题词汇总对比，其结果如表6-8和图6-8所示。

以上事件均为已在微博形成热门话题讨论的事件。由表6-8和图6-8可知，"大理森林火灾"、"江西景德镇森林火灾"和"山东火灾"与语料库拟合度分别为4/20、5/20和9/20。可见，如果未来发生类

表6-8 　　　　　基于Python的"火灾事件"词频统计表

	安全	消防	火灾	事故	部门	安全	开展	事故	人员	检查
大理森林火灾		√	√						√	
江西景德镇森林火灾		√	√			√			√	
山东火灾		√	√	√		√			√	
四川凉山森林火灾	√	√	√						√	
	进行	辖区	爆炸	生产	造成	隐患	实验	交通	现场	防控
大理森林火灾									√	
江西景德镇森林火灾										
山东火灾			√		√				√	
四川凉山森林火灾										
	社区	引发	街道	大队	学校	培训	原因	演练	会议	管理
大理森林火灾										
江西景德镇森林火灾							√			
山东火灾							√			
四川凉山森林火灾										√

（a）Python火灾事件分词统计标签云图

（b）Python火灾事件主题词提取后标签云图

（c）Python"大理森林火灾"分词统计标签云图

（d）Python"江西景德镇森林火灾"分词统计标签云图

（e）Python"山东火灾"分词统计标签云图

（f）Python "四川凉山森林火灾" 分词统计标签云图

图6-8　Python火灾事件标签云图集

似自然灾害事件，进行同样的主题词提取后，一旦主题词与语料库的拟合度达到4/20，即有非常大的可能性会形成相关话题，须引起相关部门重视。以 "四川凉山森林火灾" 为例，对数据整理汇总并进行分析，其数据拟合度为5/20，满足最小比率，因此，对于突发自然灾害事件，基于Python的该方法可行。

6.6.4　话题发现结果分析

本节针对公共卫生事件、社会安全事件以及自然灾害事件下已形成的对应话题——"江苏过期疫苗事件"、"米脂三中砍人事件" 以及 "景德镇森林火灾事件"，分别采用上述基于NLPIR和Python的话题发现方法，进行三类不同突发事件下的微博话题发现实验，并进行方法的有效性验证。结果表明，本节采用的两种方法均具有较高的准确性及可行性，且从主题词与语料库的拟合率来看，使用基于NLPIR的方法的效果要优于基于Python的方法。

6.7　突发事件微博内容情感分析

在对各类突发事件进行话题发现研究的基础上，本章对突发事件文本内容进行情感分析，从而进一步确定哪类突发事件发生时用户参与度更高，更容易引发话题。

6.7.1 情感分析过程

（1）将三类事件的文本内容分别进行随机乱序排列并分成十组，随机选取其中一组进行分析。

（2）对前文得到的三类事件的实验文本进行NLPIR情感分析：

①为了解公共卫生事件（以疫苗事件为例）文本内容情感的占比情况，对文本内容进行情感分析，相关数据情况如图6-9所示。

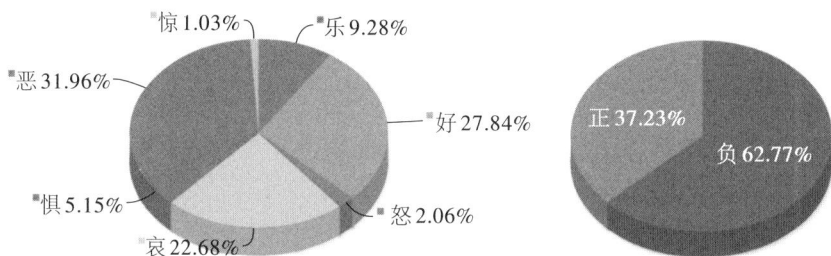

图6-9 公共卫生事件情感分析**图**

②为了解社会安全事件（以暴力事件为例）文本内容情感的占比情况，对文本内容进行情感分析，相关数据情况如图6-10所示。

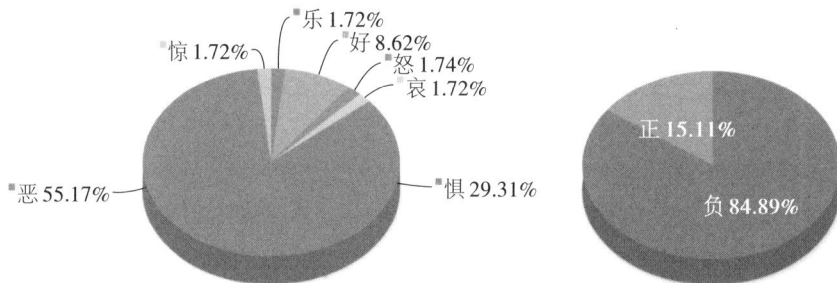

图6-10 社会安全事件情感分析图

③为了解自然灾害事件（以火灾事件为例）文本内容情感的占比情况，对文本内容进行情感分析，相关数据情况如图6-11所示。

④对三类事件所含的情感倾向进行横向对比，发现不同类型突发事件所具有的正负向情绪比例各不相同，因此绘制折线图来比较情感倾向与突发事件类型是否有一定的关系，结果如图6-12所示。

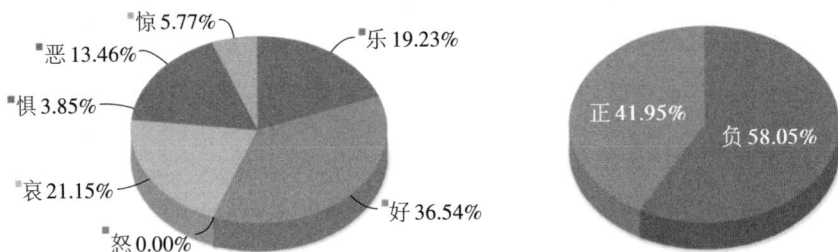

图 6-11 自然灾害事件情感分析图

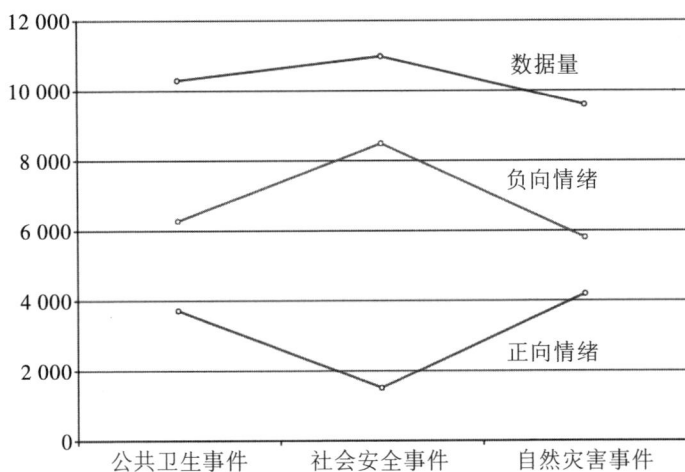

图 6-12 三类突发事件发帖量与情感趋势比较图

6.7.2 结果分析

由图 6-9、图 6-10 和图 6-11 可知，不同类型的突发事件所包含的不同情感占比各不相同。其中"公共卫生事件"发生时，用户在微博上表达情绪最多的是"恶"，达到 31.96%；"社会安全事件"发生时，用户在微博上表达情绪最多的也是"恶"，达到 55.17%；"自然灾害事件"发生时，用户在微博上表达情绪最多的是"好"，达到 36.54%。三类突发事件发生时，用户的情绪都是更偏向于负向情绪。其中负向情绪占比最高的是"社会安全事件"，达到 84.89%，其次是"公共卫生事件"，达到 62.77%，最后是"自然灾害事件"，负向情绪占比达到 58.05%。

由图 6-12 可知，微博用户参与度与文章内容的情感倾向有关：文章内容所含负向情绪越多，用户参与度越高；文章内容所含正向情绪越多，用户参与度越低，即突发事件微博话题中蕴含负向情绪，更容易引发用户对话题内容的关注、转发与评论。美国尼尔森公司发布的亚太地区各国网民的用户习惯报告显示，当与同一事件相关的正面与负面信息同时传播的情况下，有六成多的中国网民更愿意分享负面评论；管理学中的"黑箱现象"也表明，大众由于猎奇心理，更热衷于传播负面消息；著名心理学家卡乔波也认为，人体大脑具有"负面偏好"机制。大脑会对使人不悦的消息更加敏感，认为坏消息比好消息重要。这也是为什么当遇到好事情之后，人们的幸福感会随着时间的流逝而逐渐平淡，而不好的经历给人们带来的伤痛难以用时间来平复。以上结论也正契合了一句俗语"好事不出门，坏事传千里"。可见，本章的分析结果与现有研究结论一致。因此，在突发事件发生时，政府及相关部门应该采取有效措施，尽快缓解事件发生演化过程中网民的负向情绪，减缓事件负面影响的扩张速度。

6.8 本章小结

1.话题发现研究结论

政府及有关部门对突发事件背景下的相关微博进行话题发现，成为当下我国应对突发事件所产生的舆论漩涡的重要途径。本章分析了话题发现的研究现状，确定了突发事件微博舆情的相关属性，给出了两种微博话题发现方法：基于 NLPIR 和基于 Python 的微博话题发现方法。本章抓取了三种不同突发事件下微博话题数据，进行了分词与词频统计的工作以及相关话题事件的主题词提取，进行了多组实验来验证话题发现方法。同时，还得到以下结论：

（1）基于 NLPIR 和基于 Python 的微博话题发现方法均具有较高的准确性与可行性，且从比较结果来看，由于基于 NLPIR 的方法在主题词拟合率方面要高于基于 Python 的微博话题发现方法，因此，从拟合率角度认为基于 NLPIR 的方法在话题发现方面要优于基于 Python 的话题发现方法。

（2）基于 Python 的微博话题发现方法在灵活性方面要优于基于 NLPIR 的方法。NLPIR 是一个比较完备的语义分析系统，许多功能内嵌在系统本身当中，用户不易修改。而 Python 仅仅是为分词与词频统计搭建了操作环境，具体的工作是利用 Jieba 分词与 TF-IDF 词频统计来实现的。针对其他不同的需求，用户可以自行选取其他分词与词频统计工具，灵活度较高。

2.主体词情感分析研究结论

本章通过对突发事件主题词与语料库整体分析后，得到以下结论：

（1）当发生疫苗问题等突发公共卫生事件时，微博评论往往会带有"奶粉""地沟油"等字眼，说明网民已将该类事件进行了一个"情感打包"，一旦其中任何一样发生了问题，会引发对过去其他事件的重提，导致网民情绪越来越激化，社交平台上关于该类事件的负向情绪急速演进。

（2）三类典型突发事件的主题词都带有"国家""中国"的字样，一方面说明在大型突发事件发生时，网民难以通过自身的言论、行为来解决时，在情感上往往会求助于他们认为更有威信、更有说服力的组织，即国家；另一方面网民也是想通过表达出此类字眼，以加大自己对这件事的情感程度。

（3）当发生公共卫生事件时，大多数事件的直接受害人是孩子、学生等弱势群体。由于公众对孩子或青少年的关注度更高，因此极容易表达出强烈的情感倾向及情绪共鸣，从而使社交平台上的负向与极端情绪愈演愈烈，迅速蔓延，形成突发事件下的舆论热潮。

（4）当自然灾害事件或社会安全事件发生时，若事件中伤亡人数较多，更易引起网民的关注，从而进行评论与转发，使事件扩大化，演化成舆情话题。

未来可以针对突发事件建立话题动态检测系统，进行数据实时更新。政府及相关部门应建立有序高效的监测组织，在突发事件发生后及时对事件进行甄别与应对，将引发舆论危机的可能性扼杀在"摇篮"

里，同时加强事件线索整理能力，对处理各类突发事件过程中遇到的问题进行归纳梳理，形成更为有效的应对机制。

本研究仍存在一些不足，例如，对所选取的事件案例不够全面，对相关研究方法不够深入等，这些将在未来的工作中进行探讨。

索 引

参考文献

[1] 樊重俊，王宇莎，霍良安，等. 基于Holling-Ⅱ功能反应函数的谣言传播模型 [J]. 系统管理学报，2017（1）：74-80.

[2] Peterson W A, Gist N P. Rumor and public opinion [J]. American Journal of Sociology, 1951, 57（2）：159-167.

[3] Zhao L, Wang Q, Cheng J, et al. Rumor spreading model with consideration of forgetting mechanism：A case of online blogging LiveJournal [J]. Physica A：Statistical Mechanics and Its Applications, 2011, 390（13）：2619-2625.

[4] Tian Y, Ding X. Rumor spreading model with considering debunking behavior in emergencies [J]. Applied Mathematics and Computation, 2019（363）：124599.

[5] 胡长军，许文文，胡颖，等. 在线社交网络信息传播研究综述 [J]. 电子与信息学报，2017, 39（4）：794-804.

[6] Sheng W, Haghighi M S, Chao C, et al. A sword with two edges：Propagation studies on both positive and negative information in online social networks [J]. IEEE Transactions on Computers, 2015, 64（3）：640-653.

[7] 刘怡君，蒋文静，陈思佳. 中国网络舆情治理的主客体实证分析——基于

1997—2016年网络舆情治理政策［J］. 管理评论，2017（11）: 229-
241.

［8］ 孟小峰，李勇，祝建华. 社会计算：大数据时代的机遇与挑战［J］. 计算
机研究与发展，2013，50（12）: 2483-2491.

［9］ Barabasi A L，Albert R.Emergence of scaling in random networks［J］.
Science，1999，286（5439）: 509-512.

［10］ Albert R，Barabasi A L.Statistical mechanics of complex networks［J］.
Reviews of Modern Physics，2002，74（1）: 47-97.

［11］ 汪小帆，李翔，陈关荣. 复杂网络理论及其应用［M］. 北京：清华大学出
版社，2006.

［12］ Erdös P，Rényi A.On the evolution of random graphs［J］. Transactions
of the American Mathematical Society，1960，286（1）: 257-274.

［13］ Watts D J，Strogatz S H.Collective dynamics of "small-world" networks
［J］. Nature，1998，393（6684）: 440-442.

［14］ 郭雷，许晓鸣. 复杂网络［M］. 上海：上海科技教育出版社，2006.

［15］ 刘涛，陈忠，陈晓荣，等. 复杂网络理论及其应用研究概述［J］. 系统工
程，2005，23（6）: 1-7.

［16］ 史定华. 网络——探索复杂性的新途径［J］. 系统工程学报，2005，20
（2）: 115-119.

［17］ 吴金闪，狄增如. 从统计物理学看复杂网络研究［J］. 物理学进展，
2004，24（1）: 18-46.

［18］ 汪小帆，李翔，陈关荣. 网络科学导论［M］. 北京：高等教育出版社，
2012.

［19］ 周涛，柏文洁，汪秉宏，等. 复杂网络研究概述［J］. 物理，2005，34
（1）: 31-36.

［20］ 荣智海，唐明，汪小帆，等. 复杂网络2012年度盘点［J］. 电子科技大学
学报，2012，41（6）: 801-806.

［21］ Richardson M，Domingos P.Mining knowledge-sharing sites for viral
marketing［C］//Proceedings of the eighth ACM SIGKDD international
conference on Knowledge discovery and data mining.ACM，2002: 61-70.

［22］ Barrat A，Weigt M.On the properties of small-world network models［J］.
The European Physical Journal B-Condensed Matter and Complex Systems，
2000，13（3）: 547-560.

［23］ Aiello W，Chung F，Lu L.A random graph model for power law graphs
［J］. Experimental Mathematics，2001，10（1）: 53-66.

［24］ Zhang G Q, Zhang G Q, Yang Q F, et al.Evolution of the internet and its cores［J］. New Journal of Physics, 2008, 10 (12): 123027.

［25］ Grossman J W, Ion P D F.On a portion of the well-known collaboration graph［J］. Congressus Numerantium, 1995: 129-132.

［26］ Newman M E J, Park J.Why social networks are different from other types of networks［J］. Physical Review E, 2003, 68 (3): 036122.

［27］ Xiao F W, Chen G.Complex networks: Small-world, scale-free and beyond［J］. IEEE Circuits & Systems Magazine, 2003, 3 (1): 6-20.

［28］ Newman M E J.Assortative mixing in networks［J］. Physical Review Letters, 2002, 89 (20): 208701.

［29］ Newman M E J.Mixing patterns in networks［J］. Physical Review E, 2002, 67 (2): 026126.

［30］ Clauset A, Newman M E J, Moore C.Finding community structure in very large networks［J］. Physical review E, 2004, 70 (6): 066111.

［31］ Price D D S.A general theory of bibliometric and other cumulative advantage processes［J］. Journal of the American Society for Information Science, 1976, 27 (5): 292-306.

［32］ Price D J D S.Networks of scientific papers［J］. Science, 1965, 149 (3683): 510-515.

［33］ 胡正荣. 传播学总论［M］. 北京: 北京广播出版社, 1997.

［34］ 薛可, 余明阳. 人际传播学［M］. 上海: 同济大学出版社, 2007.

［35］ 兰小红. 公共危机信息网络传播的监控体系研究［D］. 哈尔滨: 黑龙江大学, 2009.

［36］ 石颖. 对网络危机传播的基本思考［D］. 长春: 吉林大学, 2007.

［37］ 殷晓蓉. 网络传播文化历史与未来［M］. 北京: 清华大学出版社, 2005.

［38］ 邱均平, 苏金燕, 牛培源, 等. 网络信息传播特点及其对和谐社会建设的积极影响［J］. 山东社会科学, 2008, 28 (5): 38-40.

［39］ 刘弢, 网络传播复杂性理论初探［D］. 上海: 华东师范大学, 2008.

［40］ 肖宇, 许炜, 夏霖. 网络社区中的意见领袖特征分析［J］. 计算机工程与科学, 2011, 33 (1): 150-156.

［41］ 鲁耀斌, 徐红梅. 即时通讯服务使用行为的影响因素实证研究［J］. 管理学报, 2006, 3 (5): 614-621.

［42］ 沈模卫, 乔歆新, 张峰, 等. 基于人格特征的即时通讯软件用户分类模型［J］. 应用心理学, 2006 (3): 195-200.

［43］ Kou Z B, Zhang C S.Relay networks on a bullet ion board system［J］.

Physical Review E, 2003, 67 (2): 1-6.

[44] Zhang J, Ackerman M S, Adamic L. Communitynetsimulator: Using simulations to study online community networks [M] //Communities and Technologies 2007.London: Springer, 2007: 295-321.

[45] Bailey N T J. The mathematical theory of infectious diseases and its applications [M]. London: Charles Griffin & Company Ltd, 1975.

[46] Murray J D.Mathematical biology [M]. Berlin: Springer-Verlag, 1993.

[47] 马知恩，周义仓，王稳地，等. 传染病动力学的数学建模与研究 [M]. 北京：科学出版社，2004.

[48] 李光正，史定华. 复杂网络上 SIRS 类疾病传播行为分析 [J]. 自然科学进展，2006, 16 (4): 508-512.

[49] 夏承遗，刘忠信，陈增强，等. 复杂网络上带有直接免疫的 SIRS 类传染模型研究 [J]. 控制与决策，2008, 23 (4): 468-472.

[50] 胡海波，王科，徐玲，等. 基于复杂网络理论的在线社会网络分析 [J]. 复杂系统与复杂性科学，2008, 5 (2): 1-14.

[51] Kumar V, Bhaskaran V, Mirchandani R, et al.Practice prize winner—creating a measurable social media marketing strategy: Increasing the value and ROI of intangibles and tangibles for hokey pokey [J]. Marketing Science, 2013, 32 (2): 194-212.

[52] Zhang L, Zhang L, Xiao K, et al.Forecasting price shocks with social attention and sentiment analysis [C] //2016 IEEE / ACM International Conference on Advances in Social Networks Analysis and Mining (ASONAM). IEEE, 2016: 559-566.

[53] Guillamón M, Ríos A M, Gesuele B, et al.Factors influencing social media use in local governments: The case of Italy and Spain [J]. Government Information Quarterly, 2016, 33 (3): 460-471

[54] 叶金珠，佘廉. 网络突发事件蔓延机理研究 [J]. 情报杂志，2012, 31 (3): 1-5.

[55] 靳松，庄亚明. 基于 H7N9 的突发事件信息传播网络簇结构特性研究 [J]. 情报杂志，2013 (12): 12-17.

[56] 丁学君. 基于 SCIR 的微博舆情话题传播模型研究 [J]. 计算机工程与应用，2015, 51 (8): 20-26.

[57] Anyanwu C. Fear of communicating fear versus fear of terrorism: A human rights violation or a sign of our time? [J]. International Journal of Speech-Language Pathology, 2018, 20 (1): 1-8.

[58] Parsegov S E, Proskurnikov A V, Tempo R, et al. Novel multidimensional models of opinion dynamics in social networks [J]. IEEE Transactions on Automatic Control, 2017, 62 (5): 2270-2285.

[59] 吕立辉, 梁维薇, 冉蜀阳. 基于词林的词语相似度的度量 [J]. 现代计算机, 2013, (1): 3-6, 9.

[60] 王晰巍, 邢云菲, 赵丹, 等. 基于社会网络分析的移动环境下网络舆情信息传播研究——以新浪微博"雾霾"话题为例 [J]. 图书情报工作, 2015, 59 (7): 14-22.

[61] Öztürk N, Ayvaz S. Sentiment analysis on Twitter: A text mining approach to the Syrian refugee crisis [J]. Telematics and Informatics, 2018, 35 (1): 136-147.

[62] Hui C, Tyshchuk Y, Wallace W A, et al. Information cascades in social media in response to a crisis: a preliminary model and a case study [C] //Proceedings of the 21st International Conference on World Wide Web.ACM, 2012: 653-656.

[63] 任立肖, 张亮, 杜子平, 等. 复杂网络上的网络舆情演化模型研究述评 [J]. 情报科学, 2014 (8): 148-156.

[64] Imran M, Castillo C, Diaz F, et al. Processing social media messages in mass emergency: A survey [J]. ACM Computing Surveys, 2015, 47 (4): 1-38.

[65] 王平, 谢耘耕. 突发公共事件网络舆情的形成及演变机制研究 [J]. 现代传播 (中国传媒大学学报), 2013 (3): 63-69.

[66] Hinz O, Schulze C, Takac C.New product adoption in social networks: Why direction matters [J]. Journal of Business Research, 2014, 67 (1): 2836-2844.

[67] Drezewski R, Sepielak J, Filipkowski W. The application of social network analysis algorithms in a system supporting money laundering detection [J]. Information Sciences, 2015 (295): 18-32.

[68] Ding X, Tian Y. Predicting retweeting behavior based on BPNN in emergency incidents [J]. Asia-Pacific Journal of Operational Research, 2017, 34 (1): 1740011.

[69] 谈国新, 方一. 突发公共事件网络舆情监测指标体系研究 [J]. 华中师范大学学报: 人文社会科学版, 2010, 49 (3): 66-70.

[70] 何音, 夏志杰, 翟玥, 等. 突发事件情境下影响媒体官方微博传播的因素研究——基于多分 logistic 回归 [J]. 情报科学, 2017 (4): 46-50.

［71］ Luo W，Tay W P，Leng M.Infection spreading and source identification：A hide and seek game ［J］．IEEE Transactions on Signal Processing，2016，64（16）：4228-4243.

［72］ Anyanwu C.Fear of communicating fear versus fear of terrorism：A human rights violation or a sign of our time？［J］．International Journal of Speech-Language Pathology，2018，20（1）：26-33.

［73］ 丁学君，樊荣，杨锦仪．突发公共卫生事件网络舆情研究现状及评述［J］．电子政务，2017（6）：47-56.

［74］ Chew C，Eysenbach G.Pandemics in the age of twitter：content analysis of tweets during the 2009 H1N1 outbreak ［J］．Plos One，2010，5（11）：e14118.

［75］ Rubin V L.Deception detection and rumor debunking for social media ［M］//The SAGE Handbook of Social Media Research Methods.London：SAGE，2017：342-360.

［76］ Noelle-Neumann E.The spiral of silence a theory of public opinion ［J］．Journal of Communication，1974，24（2）：43-51.

［77］ 沈超，朱庆华，沈洪洲．网络谣言传播中群体态度演变研究［J］．数据分析与知识发现，2016，32（6）：37-45.

［78］ 周全，汤书昆．社会化媒体信息源感知可信度及其影响因素研究——一项基于微博用户方便样本调查的实证分析［J］．新闻与传播研究，2015（4）：18-35.

［79］ 赖胜强，唐雪梅．基于ELM理论的社会化媒体信息转发研究［J］．情报科学，2017（9）：98-103.

［80］ Tanaka Y，Sakamoto Y，Matsuka T.Transmission of rumor and criticism in Twitter after the Great Japan Earthquake ［C］//Annual meeting of the cognitive science society.2012：2387-2392.

［81］ Yang Z，Wang C，Zhang F，et al.Emerging rumor identification for social media with hot topic detection ［C］//2015 12th Web Information System and Application Conference（WISA）.IEEE，2015：53-58.

［82］ Berger J A，Milkman K L.What makes online content viral？［J］．Journal of Marketing Research，2009，49（2）：192-205.

［83］ Mohammad S M，Kiritchenko S.Using hashtags to capture fine emotion categories from tweets ［J］．Computational Intelligence，2015，31（2）：301-326.

［84］ Zhang Q，Gong Y，Wu J，et al.Retweet prediction with attention-based deep neural network [C] //Proceedings of the 25th ACM international on conference on information and knowledge management.ACM，2016：75-84.

[85] Zhang J，Tang J，Li J，et al.Who influenced you? predicting retweet via social influence locality [J]. ACM Transactions on Knowledge Discovery from Data，2015，9（3）：1-26.

[86] 丁先存，王芃. 国外网络谣言治理及启示 [J]. 中国行政管理，2014（9）：119-123.

[87] Meng Y，Jiang C，Chen H H，et al.Cooperative device-to-device communications：Social networking perspectives [J]. IEEE Network，2017，31（3）：38-44.

[88] 王靖元，张鹏，刘立文，等. 网络谣言传播效能评价研究 [J]. 情报杂志，2016，35（1）：105-109，195.

[89] Kumar S，Shah N.False information on web and social media：A survey [J]. arXiv preprint arXiv：1804.08559，2018.

[90] Sun S，Liu H，He J，et al.Detecting event rumors on sina weibo automatically [C] //Asia-Pacific Web Conference.Springer，Berlin，Heidelberg，2013：120-131.

[91] Zhang L，Zhao J，Xu K.Who creates trends in online social media：the crowd or opinion leaders? [J]. Journal of Computer - mediated Communication，2016，21（1）：1-16.

[92] Shu K，Mahudeswaran D，Wang S，et al.Fakenewsnet：A data repository with news content，social context and dynamic information for studying fake news on social media [J]. arXiv preprint arXiv：1809.01286，2018.

[93] Sahneh F D，Scoglio C，Van Mieghem P.Generalized epidemic mean-field model for spreading processes over multilayer complex networks [J]. IEEE/ACM Transactions on Networking（TON），2013，21（5）：1609-1620.

[94] Sicilia R，Giudice S L，Pei Y，et al.Twitter rumour detection in the health domain [J]. Expert Systems with Applications，2018（110）：33-40.

[95] Qazvinian V，Rosengren E，Radev D R，et al.Rumor has it：Identifying misinformation in microblogs [C] //Proceedings of the conference on empirical methods in natural language processing. Association for

　　　　Computational Linguistics，2011：1589-1599.

[96]　刘于思，徐煜. 在线社会网络中的谣言与辟谣信息传播效果：探讨网络结构因素与社会心理过程的影响 [J]. 新闻与传播研究，2016（11）：51-69.

[97]　Kwon S，Cha M，Jung K，et al. Prominent features of rumor propagation in online social media [C] //2013 IEEE 13th International Conference on Data Mining.IEEE，2013：1103-1108.

[98]　Shin J，Jian L，Driscoll K，et al. The diffusion of misinformation on social media：Temporal pattern，message，and source [J]. Computers in Human Behavior，2018（83）：278-287.

[99]　Xiong X，Yang B，Kang Z.A gradient tree boosting based approach to rumor detecting on Sina Weibo [J]. arXiv preprint arXiv：1806.06326，2018.

[100]　Marozzo F，Bessi A.Analyzing polarization of social media users and news sites during political campaigns [J]. Social Network Analysis and Mining，2018，8（1）：1.

[101]　Mingsheng T，Xinjun M，Zahia G，et al.Rumor diffusion in an interests-based dynamic social network [J]. The Scientific World Journal，2013（2013）：1-10.

[102]　Xie Y，Qiao R，Shao G，et al.Research on chinese social media users' communication behaviors during public emergency events [J]. Telematics and Informatics，2016，34（3）：740-754.

[103]　Chen W，Zhang Y，Chai K，et al.Unsupervised rumor detection based on users' behaviors using neural networks [J]. Pattern Recognition Letters，2018（105）：226-233.

[104]　丁学君，梁昌勇. 基于传染病动力学的博客舆情话题传播模型研究 [J]. 信息系统学报，2016（1）：63-76.

[105]　陈燕方，李志宇，梁循，等. 在线社会网络谣言检测综述 [J]. 计算机学报，2018，41（7）：1648-1677.

[106]　Kwak H，Lee C，Park H，et al.What is Twitter，a social network or a news media？[C] //Proceedings of the 19th international conference on World Wide Web.ACM，2010：591-600.

[107]　Allcott H，Gentzkow M.Social media and fake news in the 2016 election [J]. Journal of Economic Perspectives，2017，31（2）：211-236.

[108]　Vosoughi S，Roy D，Aral S.The spread of true and false news online [J]. Science，2018，359（6380）：1146-1151.

[109] Helbing D, Farkas I, Vicsek T.Simulating dynamical features of escape panic [J]. Nature, 2000, 407 (6803): 487-490.

[110] Helbing D, Farkas I J, Molnar P, et al.Simulation of pedestrian crowds in normal and evacuation situations [J]. Pedestrian and Evacuation Dynamics, 2002, 21 (2): 21-58.

[111] Zhao L, Cui H, Qiu X, et al.SIR rumor spreading model in the new media age [J]. Physica A: Statistical Mechanics and its Applications, 2013, 392 (4): 995-1003.

[112] Gao L, Song C, Gao Z, et al. Quantifying information flow during emergencies [J]. Scientific Reports, 2014 (4): 3997.

[113] Bikhchandani S, Hirshleifer D, Welch I. A theory of fads, fashion, custom, and cultural change as informational cascades [J]. Journal of Political Economy, 1992, 100 (5): 992-1026.

[114] Rapoza K. Can 'fake news' impact the stock market? [EB / OL]. [2017-02-26]. https: //www.forbes.com/sites/kenrapoza/2017/02/26/can-fake-news-impact-the-stock-market/##6584de9d2fac.

[115] Mendoza M, Poblete B, Castillo C.Twitter under crisis: Can we trust what we RT? [C] //Proceedings of the first workshop on social media analytics.ACM, 2010: 71-79.

[116] Liu W, Liu C, Yang Z, et al. Modeling the propagation of mobile malware on complex networks [J]. Communications in Nonlinear Science and Numerical Simulation, 2016 (37): 249-264.

[117] Zhang Z K, Liu C, Zhan X X, et al.Dynamics of information diffusion and its applications on complex networks [J]. Physics Reports, 2016 (651): 1-34.

[118] Centola D.The spread of behavior in an online social network experiment [J]. Science, 2010, 329 (5996): 1194-1197.

[119] Belen S, Kropat E, Weber G W.On the classical Maki-Thompson rumor model in continuous time [J]. Central European Journal of Operations Research, 2011, 19 (1): 1-17.

[120] Luo W, Tay W P, Leng M.Infection spreading and source identification: A hide and seek game [J]. IEEE Transactions on Signal Processing, 2016, 64 (16): 4228-4243.

[121] He Z, Cai Z, Yu J, et al.Cost-efficient strategies for restraining rumor spreading in mobile social networks [J]. IEEE Transactions on

Vehicular Technology, 2017, 66 (3): 2789-2800.

[122] Kawachi K, Seki M, Yoshida H, et al.A rumor transmission model with various contact interactions [J]. Journal of Theoretical Biology, 2008, 253 (1): 55-60.

[123] Liu C, Zhan X X, Zhang Z K, et al.How events determine spreading patterns: Information transmission via internal and external influences on social networks [J]. New Journal of Physics, 2015, 17 (11): 113045.

[124] Daley D J, Kendall D G.Epidemics and rumours [J]. Nature, 1964, 204 (4963): 1118.

[125] Maki D P, Thompson M.Mathematical models and applications: with emphasis on the social life, and management sciences [R]. New York: Halsted Press, 1973.

[126] 王辉，韩江洪，邓林，等. 基于移动社交网络的谣言传播动力学研究 [J]. 物理学报, 2013, 62 (11): 96-107.

[127] 顾亦然，夏玲玲. 在线社交网络中谣言的传播与抑制 [J]. 物理学报, 2012, 61 (23): 544-550.

[128] 赵洪涌，朱霖河. 社交网络中谣言传播动力学研究 [J]. 南京航空航天大学学报, 2015, 47 (3): 332-342.

[129] 王金龙，刘方爱，朱振方. 一种基于用户相对权重的在线社交网络信息传播模型 [J]. 物理学报, 2015, 64 (5): 63-73.

[130] Ma J, Li D, Tian Z.Rumor spreading in online social networks by considering the bipolar social reinforcement [J]. Physica A Statistical Mechanics & Its Applications, 2016 (447): 108-115.

[131] Huo L A, Wang L, Song G X.Global stability of a two-mediums rumor spreading model with media coverage [J]. Physica A: Statistical Mechanics and its Applications, 2017 (482): 757-771..

[132] Zhao L, Xie W, Gao H O, et al.A rumor spreading model with variable forgetting rate [J]. Physica A: Statistical Mechanics and its Applications, 2013, 392 (23): 6146-6154.

[133] Huo L A, Wang L, Song N X, et al.Rumor spreading model considering the activity of spreaders in the homogeneous network [J]. Physica A: Statistical Mechanics and its Applications, 2017 (468): 855-865.

[134] Wan C, Li T, Sun Z.Global stability of a SEIR rumor spreading model with demographics on scale-free networks [J]. Advances in

Difference Equations, 2017 (1): 253-267.

[135] Afassinou K. Analysis of the impact of education rate on the rumor spreading mechanism [J]. Physica A: Statistical Mechanics and its Applications, 2014 (414): 43-52.

[136] Xia L L, Jiang G P, Song B, et al. Rumor spreading model considering hesitating mechanism in complex social networks [J]. Physica A: Statistical Mechanics and its Applications, 2015 (437): 295-303.

[137] Dong S Y T, Fan F H, Huang Y C. Studies on the population dynamics of a rumor-spreading model in online social networks [J]. Physica A: Statistical Mechanics and its Applications, 2017 (492): 10-20.

[138] Zhang Y, Zhu J. Stability analysis of I2S2R rumor spreading model in complex networks [J]. Physica A: Statistical Mechanics and its Applications, 2018 (503): 862-881.

[139] Hu Y, Pan Q, Hou W, et al. Rumor spreading model considering the proportion of wisemen in the crowd [J]. Physica A: Statistical Mechanics and its Applications, 2018 (505): 1084-1094.

[140] Zhang Y M, Su Y Y, Li W G, et al. Rumor and authoritative information propagation model considering super spreading in complex social networks [J]. Physica A: Statistical Mechanics and its Applications, 2018 (506): 395-411.

[141] Wang C, Tan Z X, Ye Y, et al. A rumor spreading model based on information entropy [J]. Scientific Reports, 2017, 7 (1): 9615.

[142] Yan X B, Jiang P. Effect of the dynamics of human behavior on the competitive spreading of information [J]. Computers in Human Behavior, 2018 (89): 1-7.

[143] Donner R V, Donges J F, Zou Y, et al. Complex network analysis of recurrences [M] //Recurrence Quantification Analysis. Cham: Springer, 2015: 101-163.

[144] Cacioppo J T, Berntson G G, Larsen J T, et al. The psychophysiology of emotion [J]. Handbook of Emotions, 2000 (2): 173-191.

[145] Huang W D, Wang Q, Cao J. Tracing Public Opinion Propagation and Emotional Evolution Based on Public Emergencies in Social Networks [J]. International Journal of Computers Communications & Control, 2018, 13 (1): 129-142.

[146] Ma Z, Zhou Y, Wu J. Modeling and dynamics of infectious diseases

[M]. Singapore: World Scientific Publishing, 2009.

[147] Korobeinikov A, Maini P K.A lyapunov function and global properties for sir and seir epidemiological models with nonlinear incidence [J]. Mathematical Biosciences & Engineering, 2017, 1 (1): 57-60.

[148] Liu X, Yang L. Stability analysis of an SEIQV epidemic model with saturated incidence rate [J]. Nonlinear Analysis: Real World Applications, 2012, 13 (6): 2671-2679.

[149] Li M Y, Muldowney J S. A geometric approach to global-stability problems [J]. SIAM Journal on Mathematical Analysis, 1996, 27 (4): 1070-1083.

[150] Chen G, Shen H, Ye T, et al.A kinetic model for the spread of rumor in emergencies [J]. Discrete Dynamics in Nature & Society, 2013, 2013 (2): 2123-2135.

[151] Zeng J, Chan C, Fu K. How social media construct "truth" around crisis events: Weibo's rumor management strategies after the 2015 Tianjin Blasts [J]. Policy & Internet, 2017, 9 (3): 297-320.

[152] Mehrotra S, Znati T, Thompson C W. Crisis management [J]. IEEE Internet Computing, 2008, 12 (1): 14-17.

[153] Xu G, Wu X, Yao H, et al. Research on topic recognition of network sensitive information based on SW-LDA model [J]. IEEE Access, 2019 (7): 21527-21538.

[154] 张茂元, 孙树园, 王奕博, 等. 基于EKSC算法的网络事件热度预测方法 [J]. 计算机工程与科学, 2018, 40 (2): 238-245.

[155] Zhang L, Wang T, Jin Z, et al.The research on social networks public opinion propagation influence models and its controllability [J]. China Communications, 2018, 15 (7): 98-110.

[156] 王晰巍, 赵丹, 张长亮, 等. 基于社会网络的新媒体网络舆情信息传播研究——以反腐倡廉话题为例 [J]. 情报杂志, 2016, 35 (3): 103-110.

[157] Mi B, Song C.Prediction models for network multi-source dissemination of information based on multivariate chaotic time series [C] //2017 3rd IEEE International Conference on Computer and Communications (ICCC). IEEE, 2017: 767-771.

[158] 王洋. 社会网络视角下的危机传播机理与治理 [D]. 哈尔滨: 哈尔滨工业大学, 2011.

[159] 赵晓航. 基于情感分析与主题分析的"后微博"时代突发事件政府信息公

开研究——以新浪微博"天津爆炸"话题为例 [J]. 图书情报工作，2016 （20）：104-111.

[160] 杨长春，袁敏. 基于交互关系的突发事件热度预测研究 [J]. 现代情报，2017 （3）：42-47.

[161] 丁晟春，王鹏鹏，龚思兰. 基于社区发现和关键词共现的网络舆情潜在主题发现研究——以新浪微博魏则西事件为例 [J]. 情报科学，2018，323 （7）：80-86.

[162] 兰月新，邓新元. 突发事件网络舆情演进规律模型研究 [J]. 情报杂志，2011 （8）：47-50.

[163] 郑魁，疏学明，袁宏永. 网络舆情热点信息自动发现方法 [J]. 计算机工程，2010，36 （3）：4-6.

[164] 陈璟浩. 突发公共事件网络舆情演化研究 [D]. 武汉：武汉大学，2014.

[165] 陈婷，曲霏，陈福集. 突发事件网络舆情扩散的政府应对仿真描述——基于三方博弈视角 [J]. 图书馆杂志，2017 （2）：89-96，104.

[166] 李良. 突发事件微博舆情的话题发现和热度预测研究 [D]. 西安：西安理工大学，2018.

[167] 张一文. 突发性公共危机事件与网络舆情作用机制研究 [D]. 北京：北京邮电大学，2012.

[168] 王治莹，李勇建. 政府干预下突发事件舆情传播规律与控制决策 [J]. 管理科学学报，2017 （2）：43-52.

[169] 相丽玲，王晴. 信息公开背景下网络舆情危机演化特征及治理机制研究 [J]. 情报科学，2014 （4）：26-30.

[170] 胡瑜. 网络舆论危机中的政府危机公关研究 [D]. 西安：西北大学，2012.

[171] 诺尔-诺依曼. 沉默的螺旋：舆论——我们的社会皮肤 [M]. 董璐，译. 北京：北京大学出版社，2013.

[172] Hossain M A, Dwivedi Y K, Chan C, et al. Sharing political content in online social media: A planned and unplanned behaviour approach [J]. Information Systems Frontiers，2018，20 （3）：485-501.

[173] 李运华，汪祖柱，叶燕霞，等. 基于热点事件的微博用户行为聚类实证分析 [J]. 情报探索，2016 （2）：75-79.

[174] Gang C, Juan S, Keung L K, et al. Understanding and predicting individual retweeting behavior: Receiver perspectives [J]. Applied Soft Computing Journal，2017 （60）：844-857.

[175] DiGrazia J, McKelvey K, Bollen J, et al. More tweets, more votes：

Social media as a quantitative indicator of political behavior ［J］. Plos One，2013，8（11）：e79449.

［176］ Wang C，Zhou Z，Jin X L，et al.The influence of affective cues on positive emotion in predicting instant information sharing on microblogs：Gender as a moderator ［J］. Information Processing & Management，2017，53（3）：721-734.

［177］ 姬浩，苏兵，吕美，等. 网络谣言信息情绪化传播行为的意愿研究——基于社会热点事件视角 ［J］. 情报杂志，2014，（11）：34-39.

［178］ 李静，谢耘耕. 大学生在社会热点事件中的社交媒体传播行为研究——基于上海十所高校的实证调查分析 ［J］. 新闻记者，2018（1）：90-96.

［179］ Hyvärinen H，Beck R.Emotions trump facts：the role of emotions in on social media：a literature review ［C］//Proceedings of the 51st Hawaii International Conference on System Sciences，2018.

附　录

社会热点事件中社交媒体用户传播行为调查

您好，本人现在正在为自己的毕业论文进行数据采集，本卷为匿名调查，不会泄露任何隐私，望您根据实际情况作答，万分感谢。

1.您的性别：[单选题]

○男　　○女

2.年龄　[单选题]

○18岁及以下

○19岁至24岁

○25岁至35岁

○36岁及以上

3.学历　[单选题]

○高中（中专）及以下

○大学本科或大专

○研究生及以上

4.社会热点事件传播时通常使用的社交媒体 ［排序题，请在中括号内依次填入数字］

［ ］QQ

［ ］微博

［ ］微信

［ ］知乎

［ ］今日头条等新闻类APP

［ ］抖音等短视频社交媒体

［ ］维基百科、百度百科等网络百科

5.您使用社交媒体的大概频率 ［单选题］

○从不

○至多每周一次

○几天一次

○每天一次

○每天多次

6.您每天使用社交媒体的时长是 ［单选题］

○少于半小时

○半小时到两小时

○两小时到四小时

○四小时到六小时

○六小时以上

7.您使用过的社交媒体数量 ［单选题］

包括QQ、微博、微信、ins、Facebook、知乎、今日头条、人人网、新浪网、百度贴吧、抖音等

○0个

○1~2个

○3~5个

○6~8个

○8个以上

8.您通常使用社交媒体的动机是 ［多选题］

□休闲娱乐

□了解时事新闻

□获取想要的信息

□社交需求

□分享动态（情感释放）

9.您个人的兴趣偏向哪类社会热点事件　［单选题］

○文化事件（体育、娱乐）

○突发公共事件（自然灾害、交通事故、经济危机、食品安全等）

○社会司法事件（刑事、两会）

10.您对文化事件的关注程度如何？　［单选题］

○我从不浏览这类信息

○我偶尔浏览这类信息

○我经常浏览这类信息

○我会主动搜索这类信息

11.您是否对文化事件有过传播行为　［单选题］

○我从未转发过这类信息

○我会转发这类信息

○我会转发这类信息并点赞或评论

○我会主动发布这类信息

12.您传播文化事件时通常是？　［单选题］

○我会思考很久并考虑后果后决定是否传播

○我会有计划地决定是否传播

○看到信息后我会自动传播

○我会很冲动地传播这类信息

13.您所转发的文化事件大多含有的情感信息是？　［单选题］

○信息含有负面情感

○信息没有任何情感

○信息含有正面情感

14.对于文化事件出现以下哪种状况时，会影响您的传播行为　［单选题］

○周围的环境不会对我的传播决定有任何改变

○大量的点赞、评论会影响我的判断

○对我有影响力的人会改变我的传播决定

○对这类信息我时常没有主见，常跟随他人意见

15.您对突发公共事件的关注程度如何　［单选题］

○我从不浏览这类信息

○我偶尔浏览这类信息

○我经常浏览这类信息

○我会主动搜索这类信息

16.您是否对突发公共事件有过传播行为　［单选题］

○我不会转发这类信息

○我会转发这类信息

○我会转发这类信息并点赞、评论

○我会主动发布这类信息

17.您传播突发公共事件时通常是　［单选题］

○我会思考很久并考虑后果后决定是否传播

○我会有计划地决定是否传播

○看到信息后我会自动传播

○我会很冲动地传播这类信息

18.您所转发的突发公共事件大多含有的情感信息是　［单选题］

○信息含有负面情感

○信息没有任何情感

○信息含有正面情感

19.对于突发公共事件出现以下哪种状况时，会影响您的传播行为
［单选题］

○周围的环境不会对我的传播决定有任何改变

○大量的点赞、评论会影响我的判断

○对我有影响力的人会改变我的传播决定

○对这类信息我时常没有主见，常跟随他人意见

20.您对社会司法事件的关注程度如何　［单选题］

○我从不浏览这类信息

○我偶尔浏览这类信息

○我经常浏览这类信息

○我会主动搜索这类信息

21.您是否对社会司法事件有过传播行为 ［单选题］

○我不会转发这类信息

○我会转发这类信息

○我会转发这类信息并点赞、评论

○我会主动发布这类信息

22.您传播社会司法事件时通常是 ［单选题］

○我会思考很久并考虑后果后决定是否传播

○我会有计划地决定是否传播

○看到信息后我会自动传播

○我会很冲动地传播这类信息

23.您所转发的社会司法事件大多含有的情感信息是 ［单选题］

○信息含有负面情感

○信息没有任何情感

○信息含有正面情感

24.对于社会司法事件出现以下哪种状况时，会影响您的传播行为
［单选题］

○周围的环境不会对我的传播决定有任何改变

○大量的点赞、评论会影响我的判断

○对我有影响力的人会改变我的传播决定

○对这类信息我时常没有主见，常跟随他人意见

后　记

　　转型期的中国，各类突发事件井喷式爆发，与此同时，社交媒体成为突发事件谣言传播的重要载体之一。相较传统的传播载体，社交媒体信源多，草根用户占比大，影响范围广泛，导致谣言的扩散范围更广、传播速度更快，从而给维系正常的社会秩序带来严重的负面影响。因此，突发事件背景下社交媒体谣言传播机制的研究对于网络空间治理具有十分重要的意义。然而，现有针对谣言传播问题的研究大多侧重于对谣言传播过程进行定性分析，由于缺乏必要的理论基础和实证数据，因此无法为突发事件背景下的网络谣言导控提供重要的理论依据及技术支撑。

　　基于此，本书以突发事件背景下社交媒体谣言为研究主体，以社会计算作为研究范式，深入分析突发事件背景下社交媒体谣言传播规律与社会心理行为之间的内在联系和本质特征，并在此基础上，给出有效的突发事件背景下社交媒体谣言导控策略。因此，本书不仅在理论上弥补了现有谣言传播动力学研究的不足，并且为提高相关部门对突发事件谣言的判断能力和控制能力，进而有效地监测、引导和干预突发事件中的社会公众行为提供决策理论、方法和决策支持工具。

作　者

2020年5月18日

于东北财经大学师学斋